PRZEKĄSKI NA PRZYJĘCIA

PRZEKĄSKI NA PRZYJĘCIA

SPIS TREŚCI

PLANOWANIE PRZYJĘCIA

W tym rozdziale pokażemy, jak przygotować
przyjęcie. Oprócz krótkiej listy potrzebnych
rzeczy, która ułatwi nam planowanie,
zamieszczamy rady dotyczące sposobu
podania przekąsek i przepisy na pyszne
miksowane napoje. Poza tym podpowia-
damy, w jaki sposób pięknie przybrać
i ozdobić przekąski przed podaniem.

TAK URZĄDZA SIĘ WSPANIAŁE PRZYJĘCIE

azjatyckich przysmaków jedzonych palcami? Nasi goście będą z całą pewnością zachwyceni.

Kuchnie na całym świecie oferują mnóstwo smakowitych przystawek. Zależnie od okazji, ochoty czy humoru z tych apetycznych smakołyków można tworzyć wspaniałe bufety, które bez problemu dopasuje się do okoliczności. Od eleganckiego festiwalu owoców morza po pełną temperamentu fiestę — każdy znajdzie tu coś dla siebie. Na cyklicznie powtarzające się doroczne święta też mamy gotowe pomysły. Przyjęcie urodzinowe, halloween, karnawał lub sylwestra... Przepisy na dania doskonale nadające się na radosne święta sprawią, że świętowanie za każdym razem będzie miało szczególny urok.

Przyjęcia, na których podaje się drobne przekąski, są obecnie w modzie. Dania koktajlowe, tapas czy mezze — te określenia przekąsek i smacznych drobiazgów są różne zależnie od kraju, z którego się wywodzą, lecz wszystkie łączy jedno: rozbudzają one chęć na nieskrępowany relaks w miłym towarzystwie i lukullusowe przysmaki oznaczające rozkosze dla podniebienia.

Różnobarwna i aromatyczna paleta przystawek, które zebraliśmy, sięga od crostini z marynowanym pstrągiem poprzez pikantne szaszłyki z polędwiczek jagnięcych aż po marquise au chocolat. Z tym menu chcielibyśmy rozpocząć małą podróż dookoła świata. Dlaczegóż by zamiast dań włoskich, francuskich, greckich czy hiszpańskich nie podać czasem

Rady dotyczące planowania przyjęcia

Aby goście czuli się na przyjęciu dobrze, nastrój powinien być swobodny. Bez względu na to, czy przygotowujemy urodziny dziecka, rodzinną uroczystość czy też po prostu zaprosiliśmy paru dobrych przyjaciół na kieliszek czegoś mocniejszego.

Sukces proszonego przyjęcia w znacznym stopniu zależy od jego organizacji. Świętowanie jest bowiem najpiękniejsze wówczas, gdy zarówno gospodarz, jak i jego goście bawią się i cieszą tą chwilą wspólnie i bez cienia stresu.

Lista potrzebnych rzeczy

Należy sporządzić listę gości.

Pamiętajmy o tym, aby zaproszenia rozesłać lub przekazać ustnie odpowiednio wcześnie, najlepiej 4 tygodnie przed przyjęciem, prosząc przy tym o w miarę szybkie potwierdzenie przybycia.

Należy ustalić charakter przyjęcia (czy ma to być raut na stojąco, wieczorek taneczny, przyjęcie tematyczne itp.) i podać temat przyjęcia bądź okazję, z jakiej jest organizowane.

Trzeba sprawdzić, czy mamy wystarczającą liczbę stołów, krzeseł, zastawy, szklanek i kieliszków oraz sztućców. Jako stoły bufetowe można wykorzystać też biurka czy stoliki do tapetowania, po uprzednim przykryciu ich pięknymi obrusami lub kolorowymi materiałami.

W przypadku przyjęć na wolnym powietrzu trzeba zadbać o schronienie dla gości w razie nagłej zmiany pogody (ustawić parasole ogrodowe, zadaszenia z plandeki itp.).

Należy sporządzić listę napojów i zastanowić się, w jaki sposób będzie je można dobrze schłodzić. Napoje warto kupić dużo wcześniej przed przyjęciem, aby potem zająć się już „tylko" zakupem jedzenia. Ilość napojów jest oczywiście zależna od pragnienia gości. Generalnie jednak trzeba przewidzieć jedną butelkę wina lub półtora litra piwa na jedną osobę. Oprócz tego trzeba zaoferować gościom sporą ilość napojów bezalkoholowych, na przykład wody mineralnej czy soków owocowych.

Przy układaniu menu zwróćmy uwagę na to, aby choć część przekąsek była prosta do przygotowania. To odciąży nas w dniu przyjęcia od nadmiaru prac kuchennych.

Potrzebna jest lista zakupów. Produkty o długiej trwałości można kupić wcześniej, dzięki czemu na kilka dni przed przyjęciem pozostaną do zakupienia tylko świeże owoce, warzywa i chleb.

Dekorację należy dopasować do wybranego tematu przyjęcia i zanotować, jakich akcesoriów potrzeba do jej przygotowania. Zaleca się, aby bufet przystroić raczej skromnie, bo najważniejszym jego elementem są przystawki. Poza tym zbyt wiele elementów dekoracyjnych utrudnia swobodne ucztowanie. Dlatego też powinniśmy zrezygnować z nadmiaru świec i kwiatów.

Do dekorowania pomieszczenia, w którym będzie się odbywało przyjęcie, nadają się np. obrusy i serwetki z charakterystycznymi dla danego kraju kolorami i motywami, rzeźbione głowy z dyni

i straszne maski na halloween, sieci rybackie i muszle na festiwal owoców morza, serpentyny i balony na przyjęcie dla dzieci, czarki z terrakoty i kwiaty pomarańczy na wieczór włoski, kwiaty lawendy i słoneczniki na przyjęcie śródziemnomorskie itd.

Modny jest obecnie tzw. finger food. Jako że w tym wypadku niemal wszystkie kąski wędrują prosto z ręki do ust, sztućce są tu najczęściej zbędne. W ich miejsce potrzebna będzie duża liczba serwetek dopasowanych kolorami i motywami do tematu przyjęcia.

Trzeba dobrać też odpowiednią muzykę. Zależnie od okazji można wybrać spokojną muzykę barową, stanowiącą przyjemną oprawę muzyczną przyjęcia lub prawdziwą muzykę imprezową. Tło muzyczne odpowiadające tematowi danego przyjęcia stanowi jego doskonałe dopełnienie.

Do hiszpańskiej fiesty bardzo dobrze pasują radosne rytmy latynoskie i dźwięki flamenco, włoska muzyka pop i serenady to akompaniament do kuchni włoskiej, a dźwięki orientalne utworzą nastrój do przysmaków z 1001 nocy.

Nie powinniśmy zapominać także o właściwie dobranym oświetleniu. Zamiast oświetlić pomieszczenie lampami sufitowymi, można położyć akcenty świetlne na przygotowany bufet, a przytulne kąciki do siedzenia oświetlić łagodnym światłem świec.

Zastanówmy się, w jakim stylu chcielibyśmy przyjąć naszych gości. Jeżeli ma to być klasyczne przyjęcie z kieliszkiem szampana lub aperitifem, trzeba przygotować wszelkie niezbędne składniki. Przy planowaniu pamiętajmy też o koktajlach lub drinkach bezalkoholowych na przywitanie, które można przyrządzić znacznie wcześniej. Wspaniały efekt możemy uzyskać, dodając do drinków i koktajli ozdobne parasolki, słomki, koreczki owocowe jako przybranie itp. Nie zapomnijmy o kostkach lodu!

Napoje

Niejednokrotnie wybór napojów nasuwa się sam, np. prosecco i inne wina są odpowiednie na przyjęcie włoskie, piwo pije się na przyjęciach karnawałowych, a w sylwestra chętnie wznosi się kieliszki z winem musującym lub szampanem.

Na niektóre przyjęcia tematyczne możemy polecić dodatkowe atrakcje. Co goście powiedzieliby na przykład na sangrię z okazji wieczoru hiszpańskiego? Żeby przyrządzić ten orzeźwiający napój, trzeba przygotować poncz z 1 pomarańczy, 1 cytryny, 2 brzoskwiń, 1 łyżki cukru, 1 l dobrze schłodzonego czerwonego wina, 5 cl brandy (np. veterano), 125 ml wody mineralnej oraz 125 ml soku pomarańczowego.

Umyć pomarańczę i cytrynę gorącą wodą, wytrzeć do sucha i obrać skórkę w spiralę za pomocą obieraczki do cytrusów lub ostrego noża. Usunąć białą skórkę i pokroić owoce w plastry. Brzoskwinie obrać ze skórki i pokroić miąższ na kawałki. Tak przygotowane owoce włożyć do szklanego dzbana, zasypać cukrem i zalać czerwonym winem. Dolać brandy, wodę mineralną i sok, następnie schłodzić.

Przyrządzając sangrię, możemy puścić wodze fantazji. Zamiast brzoskwiń, dodajmy na przykład kulki wykrojone z melona. Wypróbujmy wszelkie smaki i wybierzmy to, co nam pasuje najbardziej!

Na wieczór śródziemnomorski polecamy chłodny poncz melonowy. Aby przyrządzić taki poncz, należy obrać melona, przekroić na pół, usunąć pestki i małą łyżką do lodów wykroić z miąższu niewielkie kulki. Włożyć je do naczynia, w którym będzie przygotowany poncz, i zalać 2 butelkami wytrawnego białego wina. Związać ze sobą trzy pęczki bazylii i zanurzyć w ponczu. Odstawić poncz na godz. do schłodzenia. Na chwilę przed podaniem wyjąć bazylię, dolać do ponczu butelkę wina musującego i całość przybrać paroma listkami świeżej bazylii.

Komponowanie bufetu

Jeśli mamy do dyspozycji wystarczająco dużo miejsca, możemy skomponować bufet z przystawek. Do tego potrzebny jest stabilny stół. Prostokątne stoły najlepiej dosunąć do ściany. Na okrągłe stoły potrzeba nieco więcej miejsca. Aby umożliwić zaprezentowa-

13

nie przekąsek na różnych pozio-
mach, można podłożyć pod nie
grube książki, cegły lub kartonowe
pudełka. Ustawienie przystawek
na różnych wysokościach nie tylko
dobrze wygląda, ale też pozwala
na zaoszczędzenie sporej ilości
miejsca. Luźno narzucony duży

obrus albo płachta z materiału
zręcznie przykryje tę konstrukcję.

Budując bufet, powinniśmy zacząć
od stosownej zastawy stołowej,
sztućców i serwetek. Potem usta-
wiamy zupę z przystawkami.
Następnie przychodzi kolej

na przekąski mięsne, rybne
i warzywne. Kolejnym elementem jest koszyczek z chlebem
posmarowanym różnymi pastami
kanapkowymi i masłem. Zwień-
czenie bufetu stanowią sery
i desery. Na przyjęciach urodzino-
wych dania bufetowe można ułożyć wokół tortu urodzinowego,
wygląda to szczególnie efektow-
nie. Jeśli jest mało miejsca,
to zastawę, sztućce i serwetki
albo deser można rozłożyć
na dodatkowym osobnym stoliku.

Oczy też jedzą...

Przekąski smakują o wiele
bardziej, gdy są ładnie przybrane,
bo oprócz smaku ważne są również wrażenia estetyczne. Żeby
wykonać wymyślne przybranie,
nie potrzeba wiele: małe i duże
noże kuchenne z gładkim i zęba-
tym ostrzem, różnorodne foremki
do wycinania, trochę sprytu
i odrobinę fantazji. Jeśli połączymy
to z zamiłowaniem do gotowania
i jedzenia, to właściwie wszystko
musi się udać. Przygotowane
przysmaki należy luźno ułożyć
na półmiskach, talerzach,
w koszyczkach i w miskach.
Alternatywnym wariantem
wobec jednolitego bufetu jest
rozmieszczenie przekąsek
na kilku stołach w całym mieszka

niu. Wówczas goście będą mogli swobodnie obsłużyć się sami.

Ciepła zupa lub zapiekanka może stać na piecu lub kuchence. Dania pieczone na blasze też mogą być na niej serwowane.

Zaleca się, aby na jednym półmisku układać zawsze tylko jeden lub dwa rodzaje przystawek, a przekąski rozkładać w uporządkowanych rzędach. Należy unikać ciężkich i nieporęcznych talerzy i sztućców. Zawsze powinno się przygotować więcej serwetek, niż według naszej oceny będzie potrzebnych.

Krótka instrukcja dotycząca ilości produktów

Zapotrzebowanie na osobę jest bardzo zróżnicowane i zależne od wieku gości oraz rodzaju imprezy. Ilości podane poniżej stanowią wielkości przeciętne.

250 ml zupy
150–250 g mięsa lub ryby
2–3 małe bułki, paluszki grissini albo bagietka
ok. 1 ½ łyżki pasty kanapkowej na bułki lub chleb
50–100 g sera
50–100 g owoców
2 małe porcje deseru lub 1 kawałek tortu

Jeżeli zamierzamy podać kilka sałatek lub deserów, wówczas podstawowy przepis (na 4 osoby) wystarczy dla 6 osób. W przypadku przekąsek typu finger food liczy się po 12–14 sztuk na osobę i 7–12 różnych rodzajów, w tym może być też kilka przekąsek na słodko. Lepiej zaoferować gościom mniejszy wybór dań, za to bardziej wykwintnych i w większych ilościach, co pozwoli zaoszczędzić czas.

Co zrobić, żeby goście nabrali apetytu

Robiąc przybranie, możemy czerpać inspirację z aktualnych pór roku i używać naturalnych pojemników i ozdób, np. dyni jako miseczki na zupę, melona na sałatki czy salsę i wydrążonych skórek pomarańczowych na dip. Skórki można wydrążyć nawet na dzień przed przyjęciem i przechować w lodówce, przykryte wilgotnym ręcznikiem kuchennym.

Należy dobierać owoce i warzywa o mocnej barwie, bo takie najlepiej nadają się do przyozdobienia talerzy i półmisków. Zioła użyte do przybrania powinny być zawsze świeże, trzeba wybierać tylko te gatunki, które nie należą do szybko więdnących, na przykład rozmaryn, melisę, miętę, szczypiorek, liście laurowe czy

szałwię. Przybranie można wykonać z najprostszych rzeczy. Do wyłożenia półmisków i talerzy nadają się liście takich roślin, jak winorośl, kapusta lub sałata lodowa. Takimi liśćmi możemy też zakryć mniej ładne półmiski czy pojemniki. Jednak trzeba pamiętać, aby liście przedtem wytrzeć wilgotną ściereczką. Przybranie powinno być złożone ze świeżych jadalnych składników, to nadaje bufetowi naturalnego wyglądu i jest bardzo apetyczne. Trzeba przy tym zwracać uwagę na to, aby elementy przybrania pasowały do składników podawanych dań.

Od Redakcji

W zaprezentowanych przepisach zastosowano następujące skróty:

kcal – *kilokaloria*
kJ – *kilodżul*
b. – *białko*
tł. – *tłuszcz*
ww. – *węglowodany*

PRZYBRANIA OD A DO Z

Jabłka, kiwi, pomarańcze i cytryny pokrojone w plasterki

Takie owocowe plasterki można udekorować łódeczkami z mango lub sercami z miąższu melona, jagodami i ziołami.

Truskawkowy kwiat

Umyć truskawki, osuszyć i pokroić na plasterki o takich samych rozmiarach. Skropić sokiem cytrynowym. Przekroić na pół winogrona, posypać cukrem pudrem i każdą połówkę owocu położyć na plasterku truskawki.

Cebulowy kwiat

Obrać cebulę i odciąć wierzchołek. Dwie wierzchnie warstwy cebuli naciąć z góry ostrym nożem 8 razy do trzech czwartych głębokości. Następnie włożyć cebulę do wody z lodem, żeby nacięte warstwy rozeszły się na boki i utworzyły kwiat. Najlepiej nadaje się do tego cebula czerwona.

Pierścienie cebulowe

Pokroić cebulę na plasterki, rozwarstwić je na pojedyncze pierścienie i obtoczyć w siekanych ziołach oraz kolorowych przyprawach (papryka, curry, gorczyca), tak, aby przybranie nie spadało z cebuli.

Róża w cukrze

Całkowicie rozwinięty kwiat róży lekko przepłukać, strząsnąć wodę i delikatnie oberwać płatki. Każdy z płatków posmarować z obu stron odrobiną białka z jajka, posypać cukrem pudrem i wysuszyć w piekarniku ustawionym na niewielką temperaturę. Wysuszone płatki róży przybrać winogronami, świeżą melisą cytrynową i kilkoma słupkami z miąższu melona.

Gwiazda z rzodkiewki

1. Odciąć liście i dolną część korzenia rzodkiewki. Naciąć rzodkiewkę płytko 8 razy od dołu ku górze, ale nie do samego końca.

Gwiazda z cukinii

1. Przekroić cukinię wzdłuż na pół. Następnie połówki pokroić ukośnie w trójkąty.

Pomidorowa róża

1. U nasady szypułki pomidora odciąć wierzchołek. Następnie od tej strony za pomocą małego noża zdjąć skórkę pomidora, obcinając ją dookoła w pasku szerokości mniej więcej 2 cm.

2. Następnie powstałe w ten sposób ramiona gwiazdy odchylić za pomocą małego noża aż do nasady łodyżek. Włożyć rzodkiewkową gwiazdę do wody z lodem, żeby się całkowicie otworzyła.

2. Położyć na talerz połówkę faszerowanego pomidora i wokół niej w kręgu ułożyć trójkąty z cukinii.

2. Obraną skórkę zwinąć na kształt płatków róży. Kwiat ze skórki pomidora ułożyć na liściach ziół, np. na bazylii lub pietruszce albo na podłożu z pokrojonego ogórka.

Łabędź z jabłka

1. Małym ostrym nożem odkroić z ćwiartki nieobranego jabłka z gniazdem nasiennym cienką cząstkę grubości 3 mm.

Faszerowana cukinia

1. Pokroić cukinię na kawałki długości ok. 5 cm. Na środku każdego z nich cienkim małym nożykiem zrobić zygzakowate nacięcie.

Mysz z rzodkiewki

1. Z rzodkiewki o długim korzeniu (będzie imitował mysi ogonek) odciąć kawałek, wzdłuż jednej strony. Liście również obciąć.

2. Z tej samej ćwiartki odkroić jeszcze ok. 3 takich samych cząstek, tak żeby dojść do połowy ćwiartki jabłka. Powierzchnie nacięcia skropić sokiem z cytryny.

2. Połówki naciętych kawałków cukinii, ukręcając, oddzielić od siebie. Otrzymane korony nieco wydrążyć za pomocą łyżeczki.

2. Na zaokrąglonej stronie rzodkiewki na końcu naciąć dwie szczeliny na uszy. Odcięty kawałek rzodkiewki przekroić na pół i wetknąć obie połówki do przygotowanych szczelin jako uszy.

3. Z pozostałego kawałka jabłka wykroić esowatą łabędzią szyję. Skropić sokiem z cytryny. Ułożyć na sobie cienkie cząstki jabłka w zakładkę. Na tak skonstruowany łabędziowy korpus nałożyć szyję.

3. Wypełnić kawałki cukinii kilkoma kawałeczkami papryki pokrojonej w romby, cząstkami pomidorów, blanszowanymi różyczkami brokułu lub kwiatkami wyciętymi z marchewki.

3. Wydrążyć dwa małe otworki na oczy i wetknąć w nie dwa kawałki goździka. Poniżej dwoma drobnymi cięciami wykroić pyszczek myszy.

Cytrynowa korona
Oba końce cytryny równo obciąć. Na środku ostrym nożem zrobić dookoła głębokie zygzakowate nacięcie. Delikatnie ukręcając, oddzielić od siebie obie połówki cytryny i przybrać je ziołami.

Grejpfrutowy kwiat z łososiem
Wyfiletować grejpfruta i z cząstek miąższu ułożyć krąg. Z plastra wędzonego łososia uformować kwiat róży i położyć pośrodku grejpfrutowego kwiatu. Przybrać plasterkami oliwek i ziołami.

Buzie z plasterków cytryny
Pokroić cytrynę ostrym nożem na plasterki grubości ok. 5 mm. Z oliwek pokrojonych na plasterki i papryki pokrojonej w paski ułożyć na plasterkach cytryny usta, oczy i nos.

Wachlarz z gruszki

Obrać cztery gruszki, przekroić je na pół, wykroić gniazda nasienne i skropić sokiem z cytryny. Wrzucić gruszki do 1 l gotującej się wody, dodać 180 g cukru i 100 ml białego wina, zagotować i w tym samym garnku wystudzić. Wyjąć gruszki, osuszyć i pokroić wzdłuż na 2 mm plastry, połączone na końcach przy ogonku. Rozłożyć plastry w wachlarz, dociskając do podłoża.

Cząstki gruszki

Obrać cztery gruszki, wykroić gniazda nasienne i każdą podzielić na osiem cząstek. Połowę cząstek zagotować w 1 l czerwonego wina z 200 g cukru i odrobiną cynamonu. Ostudzić w syropie. Drugą część zagotować w 1 l wody z 200 g cukru i ¼ łyżeczki cukru waniliowego, ostudzić. Ułożyć na talerzu na przemian czerwone i jasne cząstki gruszek.

Jeż gruszkowy

Obrać gruszkę, przekroić na pół i wyciąć gniazdo nasienne. Obie połówki gruszki sparzyć w ¼ l gotującej się wody z 40 g cukru. Wyjąć z syropu i osuszyć. Z 3 łyżek prażonych słupków migdałowych zrobić igły jeża, wbijając je w wypukłą stronę każdej z połówek owocu. Na węższych końcach wetknąć po dwa goździki jako oczy.

Nadziewana brzoskwinia

Przekroić brzoskwinię na pół i od dołu odciąć wierzchołek. Wymieszać dwie łyżki twarogu z niewielką ilością cukru i nałożyć do obu połówek. Nadziewane brzoskwinie ozdobić jagodami, czerwonymi porzeczkami oraz świeżą miętą.

Wachlarz z brzoskwini

Przekroić brzoskwinię na pół, usunąć pestkę i podzielić na 16 cząstek. Obrać kiwi, przepołowić wzdłuż i pokroić w poprzek na 16 cząstek. Kawałki owoców ułożyć na talerzu na przemian w wachlarz. Wokół ułożyć 16 malin.

Brzoskwiniowe łódeczki

Jedną brzoskwinię przekroić na pół, wyjąć pestkę i podzielić na 8 cząstek. Następnie pokroić na osiem cząstek połówkę pomarańczy. Za pomocą wykałaczek osadzić cząstki pomarańczy na kawałki brzoskwiń jako żagielki i udekorować.

KOKTAJL PARTY

Koktajl party to modna forma przyjęcia, a czy może być coś bardziej zachęcającego niż panująca na takim spotkaniu luźna atmosfera, której towarzyszą smakowite przekąski zebrane z kuchni całego świata, którym nie sposób się oprzeć? Nasze propozycje sięgają od kanapek po crostini, oczywiście nie zapomnieliśmy także o pysznych słodkościach.

NADZIEWANE MINIPTYSIE

1 Zagotować mleko z 75 ml wody i masłem. Dodać całą mąkę i mieszać, aż utworzy się ciasto. Zdjąć garnek z kuchenki, dodać do ciasta 1 jajko, wymieszać i ostudzić. Następnie mieszać dalej, dodając po kolei pozostałe jajka i tarty ser (2 łyżki sera odłożyć na bok), tak długo, aż ciasto nabierze połysku.

2 Rozgrzać piekarnik do temp. 225°C. Ciasto włożyć do szprycy do dekoracji tortów i wycisnąć niewielkie porcje na blachę do pieczenia posypaną mąką. Ciasto posypać resztą startego sera. Piec w piekarniku ok. 10 min, następnie zmniejszyć temp. do 175°C i piec dalej jeszcze 20 min.

3 Wyjąć z piekarnika gotowe ptysie, przekroić poziomo na połówki i poczekać, aż odparują. Obrać owoce, pokroić w drobną kostkę i skropić sokiem z cytryny. Żurawiny albo borówki zagotować w 50 ml wody z 1 łyżką cukru, odlać wodę, a owoce osączyć. Wymieszać ocet, olej, sól, pozostały cukier i pieprz kajeński. Tak przygotowaną marynatę wymieszać z owocami, dodać pepperoni i ostudzić. Ptysie nadziać farszem i podawać.

MINIPTYSIE SEROWE

1 Zagotować mleko z 75 ml wody i masłem. Dodać całą mąkę i mieszać tak długo, aż utworzy się ciasto. Rozgrzać piekarnik do temp. 225°C.

2 Zdjąć garnek z kuchenki, dodać do ciasta 1 jajko wymieszać i ostudzić. Następnie mieszać dalej, dodając po kolei pozostałe jajka i 100 g tartego sera, tak długo, aż ciasto nabierze połysku. Ciasto włożyć do szprycy do dekoracji tortów i wycisnąć niewielkie porcje na blachę do pieczenia posypaną mąką.

3 Posypać ciasto na blasze resztą startego sera. Piec w piekarniku ok. 10 min, następnie zmniejszyć temp. do 175°C i piec dalej jeszcze 20 min. W trakcie pieczenia nie otwierać piekarnika.

SKŁADNIKI NA 20 SZTUK

100 ml mleka
75 g masła
125 g mąki
4–5 jaj
125 g świeżo startego pikantnego sera

CZAS PRZYRZĄDZANIA:

ok. 25 min
(plus czas pieczenia)
Wartość odżywcza 1 ptysia
ok. 80 kcal/334 kJ
4 g b., 5 g tł., 5 g ww.

RADA!

Na tarty ser doskonale nadaje się gruyère lub szwajcarski appenzeller.

25

KANAPKI Z WĘDZONYMI OSTRYGAMI

1 Osączyć ostrygi na sitku, następnie osuszyć papierowym ręcznikiem.

2 Z kromek żytniego chleba wykroić 20 małych owali albo krążków.

3 Kwaśną śmietanę utrzeć w misce na gładką masę i równomiernie posmarować nią porcje chleba.

4 Opłukać listki estragonu, otrząsnąć wodę i przybrać nimi kanapki.

5 Ułożyć ostrygi na posmarowanych porcjach chleba i posypać solą i świeżo zmielonym pieprzem. Podawać kanapki lekko schłodzone lub w temperaturze pokojowej.

SKŁADNIKI NA 20 SZTUK

20 wędzonych ostryg ze słoika
7 cienkich kromek chleba żytniego
150 g kwaśnej śmietany
świeżo zmielony czarny pieprz
20 listków estragonu, sól

CZAS PRZYRZĄDZANIA:

ok. 15 min
Wartość odżywcza 1 kanapki
ok. 53 kcal/223 kJ
3 g b., 1 g tł., 8 g ww.

CROSTINI Z PSTRĄGIEM

SKŁADNIKI NA 16 SZTUK

2 filety z pstrąga
1 szalotka, 5 gałązek koperku
sok i starta skórka z ½ cytryny
2 łyżki drobno posiekanego pora
po 1 łyżce drobno siekanej marchewki, kopru włoskiego, selera
8 ziarenek pieprzu
1 łyżeczka ziaren gorczycy
5 ziaren ziela angielskiego
1 łyżka soli, 2 łyżki cukru
4 kromki bagietki lub długiej bułki pszennej
1–2 łyżki masła
150 g kwaśnej śmietany crème fraîche (30% do 40% tł.)
2 łyżeczki tartego chrzanu

CZAS PRZYRZĄDZANIA:

ok. 20 min
(plus czas macerowania)
Wartość odżywcza 1 grzanki
ok. 53 kcal/223 kJ
4 g b., 4 g tł., 1 g ww.

1 Filety rybne wyłożyć na porcelanowy półmisek. Obrać szalotkę i posiekać w drobną kostkę. Opłukać koperek, osuszyć, następnie drobno posiekać. Wymieszać posiekany koperek z szalotką oraz z sokiem i skórką z cytryny. Dodać posiekane jarzyny.

2 Ziarniste przyprawy utrzeć z solą i cukrem w moździerzu i dodać do mieszanki jarzyn i przypraw. Całość wymieszać.

3 Tak przygotowaną marynatę rozłożyć równomiernie na filetach rybnych. Przykryć filety folią, obciążyć drewnianą deseczką i wstawić na 2 dni do lodówki.

4 Przed podaniem bagietkę pokroić na małe kromki i opiec do zarumienienia na maśle roztopionym na patelni.

5 Filety z pstrąga pokroić ukośnie na małe porcje.

6 Wymieszać śmietanę z chrzanem. Posmarować crostini kremem chrzanowym. Obłożyć kawałkami pstrąga i podawać.

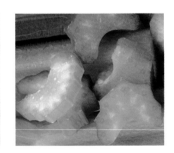

GRZANKI Z PRZEGRZEBKAMI

SKŁADNIKI NA 4 PORCJE

1 mała bagietka
4-5 łyżek oliwy z oliwek
2 pieczarki
2 szalotki
5-7 suszonych pomidorów
w oleju
250 g przegrzebków (muszli
św. Jakuba) w muszlach
2 łyżeczki mąki
3 łyżki siekanej pietruszki
3 łyżki białego wina
1 mała konserwowa czerwona
papryczka pepperoni

CZAS PRZYRZĄDZANIA:

ok. 25 min
Wartość odżywcza 1 porcji
ok. 275 kcal/1155 kJ
9 g b., 17 g tł., 16 g ww.

1 Pokroić bagietkę ukośnie na cienkie kromki i opiec z obu stron na patelni na 2-3 łyżkach oliwy na złotobrązowy kolor. Zdjąć z patelni i ułożyć na papierowym ręczniku, by osączyć tłuszcz.

2 Oczyścić pieczarki i pokroić na cienkie plasterki. Obrać szalotki i drobno posiekać. Pomidory pokroić w drobną kostkę.

3 Osuszyć przegrzebki papierowym ręcznikiem, zależnie od wielkości białe mięso przekroić poziomo i ostrożnie wyjąć ikrę.

4 Oprószyć mięso mąką i krótko obsmażyć na pozostałej oliwie, często obracając. Dodać ikrę i przez chwilę piec razem z mięsem. Następnie całość przełożyć z patelni do innego naczynia.

5 Pieczarki i szalotki podusić na tłuszczu pozostałym po opiekaniu przegrzebków. Dodać przegrzebki wraz z pomidorami i pietruszką i opiekać pół min.

6 Dolać wino i poczekać, aż się wygotuje. Pokroić pepperoni na cienkie paski, dodać i odczekać chwilę, aż się podgrzeje.

7 Tak przyrządzone przegrzebki ułożyć na kromkach podpieczonej bagietki i od razu podawać.

SZASZŁYCZKI SATÉ Z KURCZAKA Z SOSEM

SKŁADNIKI NA 4 PORCJE

400 g piersi z kurczaka
4 łyżki sosu sojowego, 2 łyżki sherry
2 łyżki oleju sezamowego
1 łyżeczka cukru
1 łyżeczka pieprzu syczuańskiego
120 g świeżych orzeszków ziemnych
3 łyżki oleju roślinnego, 2 szalotki
1 ząbek czosnku
1 suszona papryczka chili, sól
1 łyżka pasty krabowej
1 łyżka soku z cytryny
1 łyżeczka brązowego cukru
12 patyczków bambusowych
2 łyżki tahiny (pasty sezamowej)
1 łyżeczka ajvaru (pasty paprykowej)
szczypta cukru

CZAS PRZYRZĄDZANIA:

ok. 20 min
(plus czas marynowania)
Wartość odżywcza 1 porcji
ok. 378 kcal/1586 kJ,
33 g b., 23 g tł., 9 g ww.

1 Mięso z kurczaka pokroić w kostkę. Przygotować marynatę, mieszając ze sobą 2 łyżki sosu sojowego, sherry, olej sezamowy, cukier i rozgnieciony pieprz syczuański. Włożyć mięso do marynaty i odstawić pod przykryciem na 1–2 dni.

2 Orzeszki ziemne podprażyć na 1 łyżce oleju na złotobrązowy kolor, po czym rozgnieść na drobną miazgę. Obrać szalotki oraz czosnek i drobno posiekać.

3 Pozostały olej rozgrzać, poddusić na nim szalotki z czosnkiem, papryczką chili i solą.

4 Do duszonych jarzyn dolać ok. 200 ml wody. Kiedy woda się zagotuje, dodać rozgniecione orzechy ziemne, pastę krabową, sok z cytryny i cukier, doprawić. Gotować nadal na dużym ogniu ok. 3 min aż do zagęszczenia się sosu.

5 Wyjąć mięso z marynaty i nabić na namoczone w wodzie patyczki bambusowe. Upiec szaszłyczki na grillu lub patelni (na niewielkiej ilości gorącego oleju).

6 Pozostały sos sojowy wymieszać z pastą sezamową i paprykową oraz cukrem.

KORECZKI OWOCOWE Z MUSEM CZEKOLADOWYM

SKŁADNIKI NA 16 SZTUK

2 listki białej żelatyny
100 g białej czekolady
200 ml śmietany
2 łyżki wiśniówki
2 białka, 250 g truskawek
100 g czarnych jagód
1 kiwi
odrobina melisy cytrynowej

CZAS PRZYRZĄDZANIA:

ok. 20 min
(plus czas chłodzenia)
Wartość odżywcza 1 sztuki
ok. 83 kcal/347 kJ
2 g b., 6 g tł., 5 g ww.

1 Namoczyć żelatynę w zimnej wodzie, postępując zgodnie z przepisem na opakowaniu. Połamać czekoladę na kostki i roztopić z dodatkiem 2 łyżek śmietany w kąpieli wodnej, ciągle mieszając.

2 Odcisnąć żelatynę, dodać do czekolady. Mieszając, rozpuścić żelatynę w czekoladzie, następnie ostudzić. Kiedy masa czekoladowa zacznie tężeć, ubić na sztywno pozostałą śmietanę, wymieszać z wiśniówką i delikatnie połączyć z masą czekoladową. Następnie dodać ubitą na sztywno pianę z białek. Mus przelać do miseczek i odstawić w chłodne miejsce.

3 Umyć i osuszyć owoce, truskawki pozbawione szypułek pokroić, w zależności od wielkości na pół lub na więcej części. Kiwi obrać i pokroić w grube półplasterki.

4 Owoce naprzemiennie nadziewać na małe patyczki. Na zakończenie położyć na nie po jednym listku melisy cytrynowej. Koreczki podawać z musem.

KORECZKI OWOCOWE Z KREMEM ZABAIONE

1 Brązowy cukier skarmeli-
zować na patelni i dodać
do niego masło.

2 Obrać jabłko, wykroić
gniazdo nasienne i pokroić
na niezbyt cienkie cząstki.
Następnie obtoczyć je w kar-
melu i wystudzić na posmarowanym olejem papierze
do pieczenia.

3 Obrać ananasa, pokroić
na kawałki i na przemian
z pokrojonym jabłkiem
nadziewać na patyczki.

4 Z żółtek, cukru i campari
ubić na parze zabaione.
Koreczki podawać z dodat-
kiem zabaione.

SKŁADNIKI NA 16 SZTUK

2 łyżki brązowego cukru
1 łyżeczka masła
1 jabłko
ok. ¼ świeżego ananasa
4 żółtka
4 łyżki cukru
4 łyżki campari
odrobina oleju
papier do pieczenia

CZAS PRZYRZĄDZANIA:
ok. 20 min
Wartość odżywcza 1 porcji
ok. 40 kcal/168 kJ
4 g b., 2 g tł., 4 g ww.

CIEKAWOSTKA!

**Campari zawdzięcza swoją
nazwę wynalazcy tego
trunku, którym był restau-
rator Caspare Davide Cam-
pari. W 1892 r. wypromował
on to gorzkie czerwone
wino i wraz z nim zyskał
nieśmiertelność.**

KORECZKI Z WIŚNI I MELONA

SKŁADNIKI NA 16 SZTUK

500 g lodów czekoladowych
125 g wiśni
1 brzoskwinia
½ melona siatkowego
1 kiwi
125 ml śmietany
2–4 łyżki rumu
ok. 100 g łuskanych orzechów
włoskich

CZAS PRZYRZĄDZANIA:
ok. 20 min
Wartość odżywcza 1 porcji
ok. 139 kcal/583 kJ
3 g b., 9 g tł., 10 g ww.

1 Wyjąć lody z lodówki i odstawić, aby się roztopiły. Wiśnie umyć, pozbawić ogonków i wydrylować. Brzoskwinię umyć, przekroić na ćwiartki i po usunięciu pestki pokroić na małe cząstki.

2 Obrać melona, po wyjęciu pestki pokroić na kawałki. Kiwi obrać i też pokroić. Owoce na przemian nadziewać na patyczki.

3 Śmietanę ubić na pół-sztywno i wymieszać z rumem. Rumową śmietanę połączyć z roztopionymi lodami. Orzechy drobno posiekać.

4 Koreczki ułożyć na talerzu i polać sosem. Całość posypać orzechami i od razu podawać.

EGZOTYCZNE KORECZKI OWOCOWE

1 Rodzynki umyć i wymieszać z sokiem pomarańczowym. Imbir obrać i drobno zetrzeć.

2 Owoce obrać, jabłko i gruszkę pozbawić gniazd nasiennych i pokroić w drobną kostkę. Banana pokroić w półcentymetrowe plasterki. Winogrona przepołowić i usunąć z nich pestki.

3 Śmietanę ubić na sztywno i przyprawić do smaku imbirem, kardamonem i anyżem.

4 Owoce na przemian z rodzynkami ponadziewać na patyczki i ułożyć na talerzu. Dodać przyprawioną śmietanę.

5 Kandyzowany imbir drobno posiekać, posypać nim całość i od razu podawać.

SKŁADNIKI NA 16 SZTUK

50 g dużych rodzynek
1 łyżka soku pomarańczowego
ok 0,5 cm świeżego imbiru
1 słodkie jabłko, 1 gruszka
1 banan, 150 g winogron
200 ml śmietany
szczypta kardamonu
szczypta sproszkowanego anyżu
odrobina kandyzowanego imbiru

CZAS PRZYRZĄDZANIA:
ok. 15 min
Wartość odżywcza 1 porcji
ok. 62 kcal/261 kJ,
1 g b., 4 g tł., 6 g ww.

BUFET
ŚRÓDZIEMNOMORSKI

Owoce dojrzałe na słońcu, świeże
warzywa, aromatyczne zioła i złota
oliwa nadadzą przyjęciu śródziemnomorski klimat, który dodatkowo
podkreślą potrawy mięsne typowe
dla basenu Morza Śródziemnego.
Kotlety jagnięce po prowansalsku,
delikatny pomidorowy quiche oraz
naleśniki nadziewane nie tylko owocami, ale też pikantnymi farszami
czekają na swoje efektowne wejście.

PIECZONE KOTLETY JAGNIĘCE

SKŁADNIKI NA 4 PORCJE

12 kotletów jagnięcych, po ok. 75 g
sól, pieprz
3 ząbki czosnku
1 cebula
4 pomidory
2 małe cukinie
1–2 łyżki siekanego majeranku
2 łyżki oliwy z oliwek
2 łyżki tartej bułki
oliwa do smarowania formy

CZAS PRZYRZĄDZANIA:
ok. 25 min
(plus czas pieczenia)
Wartość odżywcza 1 porcji
ok. 668 kcal/2804 kJ
60 g b., 45 g tł., 7 g ww.

1 Nagrzać piekarnik do temp. 175°C. Kotlety jagnięce włożyć do wysmarowanego tłuszczem naczynia żaroodpornego.

2 Mięso posolić i popieprzyć. Obrać czosnek, rozgnieść i natrzeć nim kotlety.

3 Cebulę obrać i przekroić na pół. Pomidory i cukinie umyć, odciąć końce od strony szypułek, warzywa pokroić na plasterki.

4 Warzywa położyć na kotlety, posypać solą, pieprzem i majerankiem. Skropić oliwą i oprószyć tartą bułką. Piec w piekarniku ok. 20 min.

KOTLETY JAGNIĘCE PO PROWANSALSKU

1 Kotlety jagnięce okroić z tłuszczu, oczyścić też kości i włożyć do miseczki. Skórkę startą z cytryny wymieszać z sokiem z ½ cytryny i 2 łyżkami oliwy. Obrać czosnek i przecisnąć przez praskę do soku z cytryny z oliwą. Dodać umyty, osuszony i drobno posiekany rozmaryn. Tą marynatą polać kotlety i odstawić pod przykryciem na co najmniej 30 min.

2 Wydrylować oliwki i pokroić w drobną kostkę. Pietruszkę umyć, osuszyć i drobno posiekać. Kotlety wyjąć z marynaty, oczyścić z przypraw i odłożyć na talerz. Posypać solą i pieprzem. Pozostałą oliwę rozgrzać z masłem i ok. 3 min smażyć kotlety na średnim ogniu. Po usmażeniu kotlety powinny być w środku lekko różowe.

3 Tłuszcz po smażeniu zagotować z winem. Dodać marynatę, oliwki i pietruszkę i całość gotować do zgęstnienia. Ułożyć kotlety na półmisku, polać przygotowanym sosem. Podawać na ciepło lub na zimno.

SKŁADNIKI NA 4 PORCJE

12 kotletów jagnięcych, po ok. 75 g
sok i skórka z 1 niespryskiwanej cytryny
4 łyżki oliwy z oliwek
1 ząbek czosnku
1 gałązka rozmarynu
ok. 6 czarnych oliwek
1 pęczek natki pietruszki
sól, czarny pieprz
1 łyżeczka masła
50 ml wytrawnego białego wina

CZAS PRZYRZĄDZANIA:

ok. 15 min
(plus czas marynowania)
Wartość odżywcza 1 porcji
ok. 528 kcal/2216 kJ
39 g b., 40 g tł., 2 g ww.

ZUPA KREM Z CUKINII

SKŁADNIKI NA 4 PORCJE

500 g cukinii
1 cebula
1 ząbek czosnku
2 łyżki oliwy
600 ml bulionu warzywnego
sól, pieprz
¼ łyżeczki pieprzu kajeńskiego
50 ml wytrawnego białego wina
150 g śmietany
2 łyżki listków bazylii

CZAS PRZYRZĄDZANIA:

25 min
(plus czas gotowania)
Wartość odżywcza 1 porcji
ok. 310 kcal/1302 kJ
8 g b., 22 g tł., 19 g ww.

1 Obrać cukinię, opłukać i pokroić na większe kawałki. Obrać cebulę i czosnek i drobno posiekać. W garnku rozgrzać oliwę i zeszklić na niej cebulę. Dodać czosnek i cukinię. Całość dusić ok. 3 min, ciągle mieszając.

2 Zalać bulionem i przyprawić solą, pieprzem i pieprzem kajeńskim. Gotować pod przykryciem na małym ogniu ok. 25 min, następnie dodać wino i śmietanę, zagotować. Zupę zmiksować.

3 Opłukać listki bazylii, osuszyć i pokroić na cienkie paseczki. Napełnić zupą talerze, przybrać bazylią i podawać.

SAŁATKA ZIEMNIACZANA

1 Ziemniaki dokładnie umyć i gotować w mundurkach ok. 25 min. Odcedzić i wystudzić. Obrać ziemniaki z łupin i pokroić w kostkę.

2 Ziemniaki wraz z osączonymi kaparami włożyć do miski. Pomidory koktajlowe umyć, przekroić na pół, oliwki wydrylować, osączyć sardele i posiekać. Obrać cebulę i pokroić w pierścienie.

3 Wszystkie składniki dokładnie wymieszać. Połączyć ocet i olej z solą i pieprzem. Wymieszać z sałatką. Odstawić na 30 min, aż składniki sałatki przejdą swoim aromatem. Przybrać majerankiem i podawać.

SKŁADNIKI NA 4 PORCJE

750 g ziemniaków
100 g kaparów ze słoika
150 g pomidorów koktajlowych
10 czarnych oliwek
4 marynowane sardele
1 czerwona cebula
2 łyżki octu winnego
3 łyżki oliwy
sól, pieprz
świeży majeranek

CZAS PRZYRZĄDZANIA:

35 min
(plus czas potrzebny
do naciągnięcia aromatem)
Wartość odżywcza 1 porcji
ok. 625 kcal/2625 kJ
8 g b., 45 g tł., 46 g ww.

QUICHE Z POMIDORAMI I OREGANO

1 Z mąki, soli, masła i jajka zagnieść ciasto. Owinąć je wilgotną ściereczką i odstawić na 30 min. Rozgrzać piekarnik do temp. 200°C.

2 Na farsz zeszklić cebulę na maśle. Boczek pokroić w kostkę i podsmażyć z cebulą. Odstawić do wystygnięcia.

3 Pomidory pół min polewać wrzątkiem, następnie zdjąć z nich skórkę, odciąć nasadę szypułki, wydrążyć ziarenka i miąższ pokroić w grubą kostkę.

4 Pomidory wymieszać z boczkiem i cebulą, doprawić pieprzem i solą.

5 Ciasto rozwałkować i włożyć do 4 natłuszczonych foremek do quiche. Uformować brzeg, ciasto kilkakrotnie nakłuć. Piec wstępnie w piekarniku nagrzanym do temp. 200°C ok. 10 min.

6 Przygotowaną masę rozłożyć na cieście. Na polewę rozmącić jajka ze śmietaną, przyprawić do smaku pieprzem i solą.

7 Oregano opłukać, osuszyć, oberwać listki, grubo posiekać i wymieszać z polewą. Następnie zalać quiche polewą i piec ok. 20 min.

SKŁADNIKI NA 4 PORCJE

250 g mąki
sól
125 g masła
1 jajko
Na farsz:
5–6 posiekanych cebul
40 g masła
100 g wędzonego boczku
300 g pomidorów
pieprz
Na polewę:
4 jajka
200 ml śmietany
½ pęczka oregano
tłuszcz do posmarowania foremek

CZAS PRZYRZĄDZANIA:
ok. 25 min
(plus czas oczekiwania na ciasto i pieczenia)
Wartość odżywcza 1 porcji
ok. 828 kcal/3475 kJ
22 g b., 59 g tł., 53 g ww.

ZRAZIKI CIELĘCE W LAWENDZIE

SKŁADNIKI NA 4 PORCJE

100 g sera pecorino
8 małych sznycli cielęcych,
po ok. 80 g
3 łyżki pasty paprykowej
8 plasterków szynki parmeńskiej
3 łyżki oleju
5 gałązek natki pietruszki
4 łyżki kwiatu lawendy
5 łyżek sherry
250 ml wywaru z cielęciny lub
lekkiego bulionu drobiowego
sól, pieprz, odrobina majeranku
do przybrania
8 drewnianych patyczków

CZAS PRZYRZĄDZANIA:

ok. 20 min
(plus czas gotowania)
Wartość odżywcza 1 porcji
ok. 300 kcal/1260 kJ
44 g b., 11 g tł., 2 g ww.

1 Odkroić 8 cienkich plasterków pecorino, a resztę sera drobno zetrzeć. Sznycle cielęce posmarować równomiernie pastą paprykową i na każdym ułożyć po plasterku szynki parmeńskiej.

2 Posypać sznycle startym pecorino, ściśle zawinąć w rulon i przebić drewnianym patyczkiem namoczonym w wodzie. Mocno rozgrzać olej i obsmażyć zraziki z każdej strony.

3 Umyć natkę pietruszki, osuszyć i drobno posiekać. Dodać do mięsa wraz z lawendą. Dolać wywar z cielęciny lub bulion drobiowy i sherry. Pozostawić w tym zraziki ok. 6 min na małym ogniu. Przyprawić pieprzem i solą.

4 Wyjąć zraziki, odstawić w ciepłe miejsce i lekko wygotować wywar. Rozłożyć zraziki na półmisku, polać sosem i obłożyć wiórkami sera. Przybrać gałązkami majeranku.

GRYCZANE NALEŚNIKI Z JABŁKAMI

SKŁADNIKI NA 4 PORCJE

250 g mąki gryczanej
2 jajka
sól
750 ml cydru
3 kwaskowate jabłka
2 łyżki masła
tłusta śmietana crème fraîche
świeżo zmielony czarny pieprz

CZAS PRZYRZĄDZANIA:

ok. 25 min
(plus czas oczekiwania
na ciasto i pieczenie)
Wartość odżywcza 1 porcji
ok. 370 kcal/1554 kJ
8 g b., 9 g tł., 62 g ww.

1 Z mąki, jajek, cydru i sporej szczypty soli wyrobić gładkie ciasto. Następnie odstawić je pod przykryciem na co najmniej 20 min.

2 Na patelni naleśnikowej upiec bez tłuszczu 12 małych, cienkich naleśników i odstawić w ciepłe miejsce.

3 Jabłka umyć, osuszyć, pozbawić gniazd nasiennych, pokroić w krążki i lekko podsmażyć na gorącym maśle, aż staną się miękkie.

4 Krążki jabłka ułożyć na półmisku, na każdy nałożyć porcję śmietany wymieszanej na gładką masę. Posypać świeżo zmielonym pieprzem. Do tego podać naleśniki.

NALEŚNIKI Z KONIAKIEM

1 Z mąki, jajek, szczypty soli i mleka wyrobić gładkie ciasto. Następnie domieszać tyle wody, aby ciasto było rzadkie.

2 Dodać roztopione masło i koniak. Ciasto przykryć i odstawić na 20 min. Rozgrzać piekarnik do temp. 50°C.

3 Na patelni upiec bez tłuszczu 12 bardzo cienkich naleśników.

4 Każdy naleśnik posypać obficie cukrem. Wstawić do ciepłego piekarnika i trzymać tak długo, aż cukier się roztopi.

SKŁADNIKI NA 4 PORCJE

300 g mąki
4 jajka
sól
500 ml mleka
2 łyżki roztopionego masła
8 cl koniaku
cukier do posypania

CZAS PRZYRZĄDZANIA:
ok. 10 min
(plus czas oczekiwania
na ciasto i pieczenie)
Wartość odżywcza 1 porcji
468 kcal/1964 kJ
19 g b., 16 g tł., 60 g ww.

NALEŚNIKI Z NADZIENIEM RYBNYM

1 Z mąki, sporej szczypty soli, jajek i mleka wyrobić gładkie ciasto. Odstawić je pod przykryciem na 20 min.

2 Cebulę obrać, pokroić w drobną kostkę i zeszklić na 1 łyżce masła. Położyć na to filet, skropić go sokiem z cytryny, posypać pieprzem. Pozostawić pod przykryciem na małym ogniu ok. 10 min.

3 Na patelni upiec bez tłuszczu 12 bardzo cienkich naleśników. Kwaśną śmietanę wymieszać mątewką z koncentratem pomidorowym, sproszkowaną papryką i ziołami. Rozdzielić rybę na drobne kawałki i wymieszać z sosem śmietanowo-pomidorowym. Farszem nadziać naleśniki i ułożyć na półmisku.

SKŁADNIKI NA 4 PORCJE

100 g mąki gryczanej
sól, 2 jajka
250 ml mleka
2 cebule, 40 g masła
400 g fileta z białej ryby
4 łyżki soku z cytryny, pieprz
100 g kwaśnej śmietany
2 łyżki koncentratu pomidorowego
1 łyżeczka sproszkowanej papryki
1 łyżka posiekanych ziół

CZAS PRZYRZĄDZANIA:

ok. 30 min
(plus czas oczekiwania
na ciasto i pieczenie)
Wartość odżywcza 1 porcji
ok. 378 kcal/1586 kJ
27 g b., 18 g tł., 28 g ww.

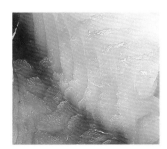

NALEŚNIKI Z KOZIM SEREM I JABŁKAMI

SKŁADNIKI NA 4 PORCJE

300 g mąki
4 jajka, sól
500 ml mleka
1 łyżka roztopionego masła
8 cl calvadosu
2 jabłka, 2 łyżki masła
200 g koziego sera camembert
tymianek

CZAS PRZYRZĄDZANIA:
ok. 25 min
(plus czas oczekiwania
na ciasto i pieczenie)
Wartość odżywcza 1 porcji
ok. 535 kcal/2247 kJ
31 g b., 16 g tł., 61 g ww.

1 Z mąki, jajek, szczypty soli i mleka wyrobić gładkie ciasto. Domieszać tyle wody, aby ciasto było rzadkie. Dodać roztopione masło oraz calvados i wymieszać. Ciasto odstawić pod przykryciem na co najmniej 20 min. Rozgrzać piekarnik do temp. 50°C.

2 Na patelni upiec bez tłuszczu 12 bardzo cienkich naleśników. Trzymać w piekarniku rozgrzanym do 50°C.

3 Jabłka umyć, osuszyć i oczyścić z gniazd nasiennych. Pokroić na cienkie cząstki. Masło rozpuścić na patelni i podsmażyć na nim cząstki jabłka do miękkości.

4 Camembert pokroić na plasterki i położyć na kawałkach jabłka. Z wierzchu posypać listkami tymianku. Przykryć patelnię i rozpuścić ser. Wypełnić naleśniki mieszanką sera i jabłek, ułożyć na półmisku i podawać.

BELLA ITALIA

To przyjęcie zawsze będzie strzałem w dziesiątkę! Znajdziemy tu równie smakowite, co łatwe w przygotowaniu klasyczne dania kuchni włoskiej, które zaprezentują się w najpiękniejszych barwach Południa. Dajmy się skusić na dolce vita i cieszmy nasze zmysły smakowitymi antipasti, chrupiącymi crostini, minipizzą z rukolą i mrożonym sorbetem cytrynowym.

PIZZA Z POMIDORAMI I MOZZARELLĄ

SKŁADNIKI NA 4 PORCJE

400 g mąki, sól
1 opakowanie suchych drożdży
3 łyżki oliwy
2 posiekane cebule
2 posiekane ząbki czosnku
600 g pomidorów bez skórek,
pokrojonych w kostkę
2 łyżki suszonego oregano
1 łyżka suszonego tymianku
1 łyżeczka rozmarynu, pieprz
600 g mozzarelli pokrojonej
w kostkę
2 łyżki oliwy tłocznej na zimno
umyte listki bazylii
grysik kukurydziany na blachę

CZAS PRZYRZĄDZANIA:
ok. 50 min
(plus czas na wyrośnięcie ciasta)
Wartość odżywcza 1 porcji
ok. 785 kcal/3297 kJ
41 g b., 34 g tł., 78 g ww.

1 Mąkę z solą, drożdżami, łyżką oliwy i ok. 175 ml letniej wody zagnieść na gładkie ciasto. Odstawić pod przykryciem na godz. do wyrośnięcia.

2 Cebulę i czosnek zeszklić na 2 łyżkach oliwy. Dodać pomidory i zioła. Posolić i popieprzyć, gotować na wolnym ogniu ok. 40 min. Rozgrzać piekarnik do temperatury 225°C.

3 Ciasto podzielić na 2 kule, cienko rozwałkować i ułożyć na blachach posypanych grysikiem kukurydzianym.

4 Posmarować ciasto sosem, obłożyć mozzarellą, skropić oliwą i piec w piekarniku ok. 15 min. Przed podaniem przybrać listkami bazylii.

PIZZA Z SZYNKĄ I RUKOLĄ

1 Mąkę z solą, drożdżami, łyżką oliwy i ok. 175 ml letniej wody zagnieść na gładkie ciasto. Odstawić pod przykryciem na godz. do wyrośnięcia.

2 Rozgrzać piekarnik do temp. 225°C. Cebulę i czosnek obrać, pokroić w kostkę i poddusić na pozostałej oliwie. Dodać pomidory i zioła. Przyprawić solą i pieprzem, całość gotować ok. 40 min na małym ogniu.

3 Podzielić ciasto na mniej więcej 30 kulek, każdą cienko rozwałkować i położyć na blaszki posypane grysikiem kukurydzianym.
Na krążkach ciasta rozłożyć sos pomidorowy.
Mozzarellę osączyć, pokroić w drobną kostkę i obłożyć nią pizze. Piec w piekarniku ok. 15 min.

4 Umyć rukolę, osuszyć, porwać listki na drobniejsze kawałki. Szynkę pokroić w paski. Wyjąć minipizze z piekarnika i od razu położyć na nich szynkę i rukolę. Skropić oliwą tłoczoną na zimno i podawać.

SKŁADNIKI NA 30 SZTUK

400 g mąki, sól, 1 opakowanie suchych drożdży, 3 łyżki oliwy

2 cebule, 2 ząbki czosnku

600 g pomidorów pokrojonych w kostkę

2 łyżki suszonego oregano

1 łyżka suszonego tymianku

1 łyżeczka rozmarynu, pieprz

600 g mozzarelli

1 pęczek rukoli

200 g szynki, 2 łyżki oliwy tłoczonej na zimno

grysik kukurydziany na blachę

CZAS PRZYRZĄDZANIA:

ok. 50 min
(plus czas na wyrośnięcie ciasta)
Wartość odżywcza 1 porcji
ok. 122 kcal/512 kJ,
7 g b., 6 g tł., 11 g ww.

KOLOROWY PÓŁMISEK Z PRZYSTAWKAMI

1 Melona przepołowić, wykroić z miąższu niewielkie kulki i odstawić je na 30 min w chłodne miejsce. Plasterki szynki parmeńskiej przekroić na pół i uformować z nich rozetki. Następnie połączyć z kulkami melona za pomocą wykałaczek i popieprzyć.

2 Każdego szparaga owinąć plasterkiem szynki serrano i obsmażać na maśle ok. 5 min. Obrać czosnek i przekroić na pół. Zeszklić na 2 łyżkach oliwy.

3 Pomidory koktajlowe umyć, osuszyć i przekroić na pół. Paprykę umyć, prze-

kroić na pół, usunąć gniazda nasienne i miąższ pokroić w paski.

4 Bakłażana umyć, przekroić na pół i pokroić w kostkę. Wszystkie jarzyny smażyć na oliwie ok. 5 min, od czasu do czasu mieszając. Ostudzić, doprawić pieprzem i solą, przybrać rozmarynem.

5 Mozzarellę pokroić w kostkę wielkości 1 cm. Pomidory obrać, osuszyć i również pokroić w kostkę. Wymieszać mozzarellę z pomidorami i bazylią. na koniec skropić niewielką ilością oliwy, posypać solą i pieprzem.

SKŁADNIKI NA 4 PORCJE

600 g melona miodowego
125 g szynki parmeńskiej
500 g ugotowanych zielonych szparagów
150 g cienko pokrojonej szynki serrano
2 łyżki masła, 4 ząbki czosnku
250 g pomidorów koktajlowych
3 papryki, 1 średni bakłażan
sól, pieprz
5 gałązek rozmarynu
175 g mozzarelli, 3 pomidory
15 listków bazylii
oliwa tłoczona na zimno

CZAS PRZYRZĄDZANIA:
ok. 60 min
(plus czas chłodzenia)
Wartość odżywcza 1 porcji
ok. 563 kcal/2363 kJ
33 g b., 42 g tł., 14 g ww.

ZUPA POMIDOROWA NA ZIMNO Z GRISSINI

SKŁADNIKI NA 4 PORCJE

1,2 kg pomidorów mięsistych
1 cebula, 2 łyżki oliwy
2 ząbki czosnku
sól, czarny pieprz
po 1 łyżeczce oregano
i tymianku
600 ml bulionu warzywnego
trybula na przybranie
60 g świeżych drożdży
250 g mąki pszennej
350 g mąki orkiszowej
80 g kaszy manny
9 łyżek oliwy tłoczonej na zimno
sól, 40 g ziaren maku
40 g ziaren sezamu
2–4 łyżki posiekanej szałwii
oliwa do posmarowania blachy

CZAS PRZYRZĄDZANIA:

ok. 50 min
(plus czas na wyrośnięcie ciasta)
Wartość odżywcza 1 porcji
ok. 815 kcal/3423 kJ
31 g b., 19 g tł., 127 g ww.

1 Pomidory na pół min zalać wrzątkiem, obrać ze skórki i przepołowić, wyciąć nasadę szypułki i usunąć ziarenka, miąższ pokroić w grubą kostkę.

2 Obrać cebulę, drobno posiekać i zeszklić na gorącej oliwie. Dodać pomidory.

3 Obrać czosnek i przecisnąć przez praskę do pomidorów z cebulą. Dusić 5 min. Przyprawić solą, pieprzem i ziołami.

4 Całość zalać bulionem i gotować 20 min na małym ogniu, zmiksować. Do czasu podania zupę odstawić w chłodne miejsce.

5 Na grissini rozpuścić drożdże w 500 ml letniej wody. Wymieszać całą mąkę z kaszą manną, oliwą i szczyptą soli. Zagnieść z drożdżami na gładkie ciasto i odstawić na godz. pod przykryciem do wyrośnięcia.

6 Rozgrzać piekarnik do temp. 200°C. Połowę ciasta uformować w wałeczki o średnicy 1 cm i obtoczyć w sezamie lub maku.

7 W pozostałą część ciasta wgnieść szałwię i uformować wałeczki.

8 Ułożyć wałeczki na natłuszczonej blasze i odstawić na 10 min do wyrośnięcia. Piec w piekarniku ok. 10 min.

CIEKAWOSTKA!

Do Europy, pomidor trafił z Ameryki Południowej dopiero ok 1850 roku. Prawdopodobnie dlatego, że jego niedojrzałe owoce zawierają trujący alkaloid. Począwszy od 1850 roku popularność pomidora szybko rosła. Nadawano mu tak obrazowe nazwy jak jabłko miłości czy rajskie jabłko.

FRITTATA SZPARAGOWA Z DIPEM

1 Szparagi umyć, odkroić dolną część i każdy szparag pokroić na 4-centymetrowe kawałki. Grube szparagi najpierw przeciąć wzdłuż na pół.

2 Jajka roztrzepać w miseczce i posolić.

3 Bazylię umyć, osuszyć, listki oberwać i porozrywać na mniejsze kawałki, wymieszać z serem. Przyprawić masę świeżo utartą gałką muszkatołową.

4 Szparagi obsmażać ze wszystkich stron ok. 4 min na gorącym tłuszczu na złotobrązowy kolor, dodać sól i pieprz.

5 Szparagi na patelni polać roztrzepanymi jajkami. Obsmażyć frittatę z obu stron na złotobrązowy kolor i pokroić na nieduże kawałki.

6 Na dip wymieszać majonez cytrynowy z serkiem ziołowym. Dodać śmietanę, jogurt, musztardę i ponownie wymieszać. Doprawić dip solą i pieprzem.

SKŁADNIKI NA 4 PORCJE

500 g zielonych szparagów
8 jajek, ½ pęczka bazylii
4 łyżki świeżo startego parmezanu
gałka muszkatołowa
2–3 łyżki oliwy extra vergine
sól, pieprz
150 g delikatnego serka ziołowego
4 łyżki majonezu cytrynowego
3 łyżki śmietany
75 g jogurtu naturalnego
1 łyżeczka musztardy

CZAS PRZYRZĄDZANIA:
ok. 30 min
(plus czas pieczenia)
Wartość odżywcza 1 porcji
ok. 385 kcal/1617 kJ
30 g b., 27 g tł., 6 g ww.

SORBET CYTRYNOWY

SKŁADNIKI NA 4 PORCJE

200 g cukru
350 ml soku z cytryny
2 białka
4–6 łyżek włoskiego likieru
cytrynowego, np. limoncello
1 butelka szampana lub wina
musującego

CZAS PRZYRZĄDZANIA:
ok. 40 min
(plus czas mrożenia)
Wartość odżywcza 1 porcji
ok. 473 kcal/1985 kJ
3 g b., 1 g tł., 77 g ww.

1 Zagotować cukier ze 150 ml wody i tak długo mieszać, aż cukier się rozpuści, po czym syrop wystudzić.

2 Syrop wymieszać z sokiem z cytryny. Włożyć pod przykryciem na 30 min do zamrażalnika.

3 Białka ubić na średnio sztywną pianę. Wyjąć z zamrażalnika masę cytrynową, dodać do niej pianę i delikatnie wymieszać.

4 Masę mrozić pod przykryciem 2 godz., co pół godz. delikatnie przemieszać trzepaczką do ubijania piany.

5 Wyjąć sorbet i wymieszać na kremową masę z likierem cytrynowym w ilości zależnej od własnego upodobania. Przełożyć do schłodzonych kieliszków do szampana i uzupełnić dowolną ilością szampana lub wina musującego. Sorbet podawać na tacy ozdobionej pokruszonym lodem.

CROSTINI Z TATAREM WARZYWNYM

SKŁADNIKI NA 4 PORCJE

po 3 łyżki pokrojonych w bardzo
drobną kostkę marchewki,
selera, szparagów, rzodkiewki
i cebuli dymki
pieprz, sól, ok. 150 g remolady
1 pomidor, 2 łyżki kaparów
1 bagietka, olej do smażenia
1 mały ugotowany
czerwony burak
1 łyżeczka octu z białego wina
1 łyżeczka soku z cytryny
1 łyżka oleju rzepakowego
odrobina natki pietruszki

CZAS PRZYRZĄDZANIA:
ok. 40 min
Wartość odżywcza 1 porcji
ok. 295 kcal/1239 kJ
3 g b., 28 g tł., 9 g ww.

1 Wymieszać warzywa pokrojone w kostkę, dodać sól i pieprz oraz remoladę i wymieszać.

2 Pomidory zalać wrzątkiem na ½ min, obrać ze skórki i przekroić na pół. Wyciąć nasady szypułek, usunąć ziarenka, miąższ pokroić w bardzo drobną kostkę.

3 Kapary osączyć, drobno pokroić i razem z pomidorami dodać do reszty warzyw.

4 Bagietkę pokroić na cienkie kromki i na oliwie obsmażyć na chrupko z obu stron.

5 Na sos obrać buraka i go zmiksować. Przyprawić octem, solą, pieprzem i sokiem z cytryny. Dolać olej rzepakowy i wymieszać trzepaczką do ubijania piany.

6 Wymieszane warzywa położyć na grzankach i polać sosem z buraka. Natkę opłukać, osuszyć i drobno posiekać. Posypać nią grzanki i podawać.

CROSTINI Z OLIWKAMI

1 Oliwki i kapary osączyć. Czosnek obrać i zmiksować z grubo pokrojonymi filetami z sardeli. Papryczkę chili oczyścić z ziarenek i dodać wraz z kaparami i oliwkami do sardeli.

2 Zioła opłukać, osuszyć, listki poobrywać z gałązek, dodać do sardeli.

Całość dokładnie miksować, wlewając powoli oliwę, tak aby powstała gęsta kremowa masa. Dodać sok z cytryny, pieprz i sól do smaku.

3 Bagietkę pokroić na kromki i z obu stron obsmażyć na chrupko na oliwie. Posmarować pastą z oliwek i podawać.

SKŁADNIKI NA 4 PORCJE

175 g czarnych oliwek bez pestek

1 łyżka kaparów

4 ząbki czosnku

2 filety z sardeli

1 strączek suszonej papryczki chili

po 1 gałązce rozmarynu i tymianku

5 listków szałwii

125 ml oliwy tłoczonej na zimno

sok z cytryny

sól, pieprz

1 bagietka

oliwa do smażenia

CZAS PRZYRZĄDZANIA:
ok. 25 min
Wartość odżywcza 1 porcji
ok. 488 kcal/2048 kJ
7 g b., 48 g tł., 8 g ww.

CROSTINI Z JABŁKAMI I CEBULĄ

SKŁADNIKI NA 4 PORCJE

2 czerwone cebule
3–4 łyżki oliwy do smażenia
2 jabłka
2 łyżki octu balsamicznego
trochę cukru
sól, pieprz
1 bagietka

CZAS PRZYRZĄDZANIA:

ok. 20 min
Wartość odżywcza 1 porcji
ok. 80 kcal/332 kJ
2 g b., 2 g tł., 14 g ww.

1 Obrać cebulę, pokroić w krążki i zeszklić na patelni na łyżce oliwy.

2 Jabłka obrać, oczyścić z gniazd nasiennych i pokrojone w kostkę smażyć razem z cebulą ok. min. Całość przyprawić octem balsamicznym, cukrem, solą i pieprzem.

3 Bagietkę pokroić na kromki i na drugiej patelni na pozostałej oliwie obsmażyć na chrupko z obu stron.

4 Grzanki obłożyć jabłkami z cebulą i podawać.

CIEKAWOSTKA!

Czerwona cebula ma łagodny korzenny smak i jest mniej ostra niż cebula żółta, której zwykle używamy naszej kuchni.

CROSTINI Z TATAREM CIELĘCYM

1 Polędwicę cielęcą pokroić w drobną kostkę. Można przedtem mięso lekko zamrozić, aby ułatwić krojenie.

2 Szalotkę drobno posiekać. Korniszony i kapary osączyć, po czym korniszony pokroić w drobną kostkę, a kapary posiekać.

3 Żółtko ubić z olejem na gęstą pianę, dodać szalotkę, korniszony i kapary.

4 Całość przyprawić musztardą, octem, koniakiem, solą i pieprzem. Na koniec dodać posiekaną cielęcinę.

5 Bagietkę pokroić na cienkie kromki i obsmażyć na oliwie na chrupko z obu stron. Posmarować masą tatarową i podawać.

SKŁADNIKI NA 4 PORCJE

300 g polędwicy cielęcej
1 mała szalotka
2 korniszony
1 łyżka kaparów, 1 żółtko
1–2 łyżki oleju z pestek winogron
1 łyżeczka musztardy dijońskiej
½ łyżeczki octu balsamicznego
½ łyżeczki koniaku
sól, pieprz
1 bagietka, olej do smażenia

CZAS PRZYRZĄDZANIA:

ok. 30 min
Wartość odżywcza 1 porcji
ok. 138 kcal/578 kJ
17 g b., 5 g tł., 6 g ww.

ESPAÑA OLÉ

Kolejne magiczne słowo brzmi tapas.
Te smakowite małe przekąski podaje się
zazwyczaj do wina, piwa lub sherry
i to dzięki nim wizyty w hiszpańskich
knajpkach stają się radosnym świętem
dla podniebienia. Niech radość życia
pełnych temperamentu Hiszpanów
będzie dla nas inspiracją podczas
przygotowywania bufetu na niezapo-
mnianą fiestę. Skomponujemy
go z gazpacho, entremeses variados,
pysznych koreczków z rybą i owocami
morza.

PAPRYKA NADZIEWANA MIELONYM MIĘSEM

SKŁADNIKI NA 30 SZTUK

2 posiekane cebule
oliwa do smażenia
4 ząbki czosnku
3 pomidory
1 łyżka mąki
1 łyżka koncentratu
pomidorowego
2 łyżki siekanej natki pietruszki
150 ml białego wina
sól, pieprz
3 kromki długiej bułki pszennej
lub bagietki
ok. 125 ml bulionu wołowego
300 g mielonego mięsa
wołowego
6 dużych czerwonych papryk
tłuszcz do formy

CZAS PRZYRZĄDZANIA:
ok. 35 min
(plus czas pieczenia)
Wartość odżywcza 1 porcji
ok. 246 kcal/1034 kJ
3 g b., 25 g tł., 3 g ww.

1 Piekarnik rozgrzać do temp. 225°C. Na sos zeszklić na oliwie 1 cebulę, przecisnąć do tego przez praskę 2 obrane ząbki czosnku. Zdjąć skórki z pomidorów, wyciąć nasady szypułek, pokroić miąższ w drobną kostkę i dodać do czosnku i cebuli. Całość gotować na małym ogniu. Dodać mąkę wymieszaną z koncentratem pomidorowym i łyżką posiekanej natki pietruszki. Gotować min. Dolać wino i 100 ml wody, dodać sól i pieprz. Gotować 20 min na wolnym ogniu pod przykryciem.

2 Na nadzienie namoczyć bułkę w bulionie. Pozostałe cebulę, czosnek i natkę dusić 4 min na niewielkiej ilości oliwy. Dodać mięso i smażyć, aż się rozpadnie na grudki. Dodać odciśniętą bułkę, pieprz oraz sól i smażyć dalsze 4 min.

3 Z papryki odciąć części z ogonkiem, usunąć gniazda nasienne. Każdą paprykę po umyciu wypełnić ciasno farszem. Ułożyć papryki w natłuszczonej formie do sufletu. Pozostałe nadzienie dodać do sosu. Piec papryki w piekarniku ok. 30 min. Przed podaniem pokroić na plasterki.

PAPRYKA NADZIEWANA SZTOKFISZEM

1 Moczyć dorsza w zimnej wodzie co najmniej 12 godz., zmieniając ją od czasu do czasu.

2 Osączyć rybę i porozrywać palcami na mniejsze kawałki. Paprykę osączyć na sitku.

3 Połowę czosnku wraz z rybą i 3 łyżkami natki pietruszki smażyć ok. 10 min na 3 łyżkach oliwy. Dodać trochę zalewy z papryki i dokładnie wymieszać.

4 Nadziać farszem paprykę. Pozostałą oliwę rozgrzać i usmażyć na niej resztę czosnku i natki pietruszki, po czym rozłożyć na nadziewanej papryce.

SKŁADNIKI NA 4 PORCJE

300 g bacalao (suszony młody dorsz)
1 słoik małej papryki w zalewie
4 posiekane ząbki czosnku
5 łyżek posiekanej natki pietruszki
5 łyżek oliwy z oliwek

CZAS PRZYRZĄDZANIA:
ok. 20 min
(plus czas namaczania dorsza)
Wartość odżywcza 1 porcji
ok. 201 kcal/844 kJ
14 g b., 16 g tł., 2 g ww.

WIEPRZOWINA Z CZOSNKIEM

1 Obrać czosnek i drobno posiekać. Mięso okroić z tłuszczu i pokroić w kostkę o wielkości 2 cm.

2 Oliwę rozgrzać na dużej patelni, wrzucić mięso z czosnkiem i smażyć 5 min, mieszając, do momentu aż mięso będzie usmażone.

3 Posolić i popieprzyć mięso, wlać sherry dla nadania aromatu. Mięso zdjąć z patelni, ułożyć na półmisku i nie dopuścić do wystudzenia.

4 Tłuszcz pozostały po smażeniu zalać mniej więcej 150 ml wody i zagotować. Dodać pastę z oliwek i gotować na małym ogniu tak długo, aż sos zgęstnieje. Polać nim usmażone mięso.

5 Pomidory umyć, wytrzeć, pokroić w ćwiartki i ułożyć na półmisku. Pietruszkę umyć, osuszyć i udekorować nią mięso.

SKŁADNIKI NA 4 PORCJE

8 ząbków czosnku
500 g polędwicy wieprzowej
3 łyżki oliwy z oliwek
sól, pieprz
2 łyżki wytrawnego sherry
1–2 łyżki pasty z zielonych oliwek
6 pomidorów
pietruszka naciowa gładka
na przybranie

CZAS PRZYRZĄDZANIA:
ok. 35 min
Wartość odżywcza 1 porcji
ok. 192 kcal/804 kJ
29 g b., 7 g tł., 3 g ww.

GAZPACHO

SKŁADNIKI NA 4 PORCJE

3 kromki długiej bułki pszennej
lub bagietki
4 cebule
2 ząbki czosnku
300 g ogórków sałatkowych
500 g pomidorów
3 duże papryki
600 ml soku pomidorowego
400 ml zimnego bulionu
warzywnego
sok z ½ cytryny
4 łyżki oliwy z oliwek
sól, pieprz

CZAS PRZYRZĄDZANIA:
ok. 35 min
(plus czas chłodzenia)
Wartość odżywcza 1 porcji
ok. 245 kcal/1030 kJ
6 g b., 13 g tł., 24 g ww.

1 Okroić skórkę z pieczywa, kromki pokroić w drobną kostkę, 3 łyżki pokrojonej bułki odłożyć na bok, resztę namoczyć w zimnej wodzie, następnie starannie odcisnąć.

2 Cebulę i czosnek obrać, cebulę bardzo drobno posiekać, 3 łyżki siekanej cebuli odłożyć.

3 Resztę cebuli zmiksować razem z czosnkiem i odciśniętą bułką.

4 Ogórki umyć i pokroić w drobną kostkę. Pomidory zalać na 30 pół min wrzątkiem, następnie obrać ze skórki, przekroić na pół, usunąć pestki.

5 Papryki umyć, przekroić na pół, usunąć nasady szypułek i gniazda nasienne, miąższ drobno posiekać.

6 Odłożyć 3 łyżki warzyw, a resztę dodać do purée z pieczywa. Całość zmiksować z sokiem pomidorowym, bulionem, sokiem z cytryny i oliwą.

7 Doprawić solą i pieprzem i wstawić pod przykryciem na noc do lodówki.

8 Przed podaniem zupę wymieszać z 500 ml lodowatej wody. Napełnić zupą filiżanki do bulionu, posypać porcje odłożonymi wcześniej warzywami i bułką i podawać.

RADA!

Świetnym dodatkiem do tego dania są kromki bułki typu ciabatta obłożone kaparami i sardelami, zapiekane z mozzarellą.

KROKANTOWE CIASTECZKA MIGDAŁOWE

1 Migdały zalać na min wrzątkiem, by można było zdjąć skórkę. Następnie obrać wszystkie, osuszyć na papierowym ręczniku.

2 Odłożyć 24 migdały do dekoracji, pozostałe uprażyć bez tłuszczu na patelni, po czym odstawić do wystygnięcia.

3 Obrane i uprażone migdały drobno posiekać. Kandyzowane skórki cytronu z dodatkiem 2 łyżek cukru bardzo drobno posiekać.

4 Pozostały cukier wysypać na ciężką patelnię beztłuszczową i podgrzewać, stale mieszając, aż powstanie jasnożółty karmel.

5 Dodać miód, sok z cytryny i posiekane migdały. Całość prażyć na niewielkim ogniu, aż masa stanie się lekko łamliwa.

6 Dodać posiekaną skórkę cytronu. Wyłożyć wszystko na posmarowany tłuszczem porcelanowy lub marmurowy półmisek.

7 Masę szybko gładko rozsmarować natłuszczoną szpatułką do ciasta, podzielić na 24 małe kawałki i uformować z nich kulki.

8 Kulki z krokantu migdałowego włożyć do papilotek, każdą udekorować migdałem i podawać.

SKŁADNIKI NA 24 SZTUKI

500 g migdałów
120 g kandyzowanych skórek cytronu
500 g cukru
100 g miodu
2–3 łyżki soku z cytryny
olej do posmarowania półmiska
24–30 papilotek

CZAS PRZYRZĄDZANIA:
ok. 40 min
Wartość odżywcza 1 porcji
ok. 231 kcal/970 kJ
4 g b., 68 g tł., 28 g ww.

ENTREMESES VARIADOS

1 Na *aguacate à la catalana* uprażyć bez tłuszczu orzeszki piniowe. Anchois pociąć wzdłuż na paski.

2 Oliwę wymieszać z octem, solą i pieprzem. Awokado przepołowić, usunąć pestkę, miąższ pokroić w plasterki. Polać połową marynaty.

3 Rodzynki osuszyć i razem z anchois i orzeszkami piniowymi rozłożyć na awokado. Polać pozostałą marynatą.

4 Na nadziewane pieczarki umyć grzyby i wykręcić nóżki.

5 Pieczarki poddusić na oliwie, napełnić je cukinią, dodać pieprz i zalać winem. Posypać serem i 4 min zapiekać na środkowym poziomie piekarnika.

6 Na *berenjenas fritas* umyć bakłażana i pokroić w plastry. Posolić je i odstawić na 10 min, a następnie spłukać sól i osuszyć.

7 Plastry bakłażana doprawić solą i pieprzem, obtoczyć w mące i smażyć na większej ilości oliwy na złocisty kolor. Obrać czosnek, pokroić i dodać razem z natką pietruszki.

SKŁADNIKI NA 6 PORCJI

3 łyżki orzeszków piniowych
4 anchois, 3 łyżki oliwy z oliwek
3 łyżki białego octu balsamicznego, sól, czarny pieprz
2 dojrzałe awokado
2 łyżki namoczonych rodzynek
16 dużych pieczarek
2 łyżki oliwy z oliwek
2 małe cukinie pokrojone w drobną kostkę, pieprz
100 ml wytrawnego czerwonego wina
200 g świeżo startego hiszpańskiego sera manchego
2 małe bakłażany, odrobina mąki, 1 ząbek czosnku
2 łyżki posiekanej natki pietruszki

CZAS PRZYRZĄDZANIA:
ok. 50 min
(plus czas pieczenia)
Wartość odżywcza 1 porcji
ok. 423 kcal/1777 kJ
17 g b., 25 g tł., 30 g ww.

KALMARY Z GRILLA

SKŁADNIKI NA 4 PORCJE

18–24 bardzo małych
sprawionych kalmarów
gruboziarnista sól morska
4 łyżki oliwy z oliwek
4 łyżki octu z białego wina
3 ząbki czosnku
½ pęczka natki pietruszki
szczypta cukru
sól, pieprz

CZAS PRZYRZĄDZANIA:
ok. 25 min
Wartość odżywcza 1 porcji
ok. 258 kcal/1082 kJ
28 g b., 14 g tł., 5 g ww.

1 Kalmary posypać solą morską i odstawić na 10 min.

2 Na patelnię grillową nalać odrobinę oliwy i rozgrzać. Położyć na nią kalmary i smażyć ok. min, w czasie smażenia raz obrócić.

3 Pozostałą oliwę wymieszać z octem winnym. Wycisnąć do tego przez praskę obrany czosnek.

4 Natkę pietruszki umyć, osuszyć, bardzo drobno posiekać.

5 Pietruszkę wraz z cukrem dodać do kalmarów, posolić i popieprzyć. Wymieszać kalmary z sosem i wyłożyć na półmisek.

KREWETKI KRÓLEWSKIE W SOSIE PAPRYKOWYM

SKŁADNIKI NA 4 PORCJE

3 opieczone marynowane
papryki ze słoika
1 czerwona papryczka pepperoni
5 ząbków czosnku
ok. 4 łyżek pokruszonej bułki
pszennej
sól, pieprz
20 dużych krewetek
1 jajko
2 ½ łyżki mąki
100 ml mleka
olej do smażenia

CZAS PRZYRZĄDZANIA:
ok. 20 min
(plus czas smażenia)
Wartość odżywcza 1 porcji
ok. 223 kcal/937 kJ
35 g b., 5 g tł., 8 g ww.

1 Paprykę osączyć i pokroić na małe kawałki. Pepperoni umyć, przekroić na pół, odciąć nasadę szypułki, usunąć gniazda nasienne, miąższ pokroić w drobną kostkę.

2 Czosnek obrać i zmiksować na jednolitą masę z papryką i pepperoni. Dodać taką ilość pokruszonej bułki, by sos lekko zgęstniał. Doprawić solą i pieprzem.

3 Krewetki obrać, ale ogonek na końcu zostawić. Roztrzepać jajko i wymieszać je z mąką na gładką masę, stopniowo dolewając mleko.

4 Krewetki dokładnie obtoczyć w masie mączno--jajecznej i smażyć 5 min na gorącym głębokim tłuszczu. Po wyjęciu osączyć z tłuszczu. Podawać z sosem paprykowym.

MAŁŻE W SOSIE Z TRYBULI

1 Szalotkę obrać i drobno posiekać. Szynkę pokroić w cienkie paski. Rozgrzać oliwę i ok. 10 min dusić na niej szalotkę wraz z szynką.

2 Mieszając, dodać mąkę i dusić kolejne 2 min. Następnie dolać wino, dodać trybulę oraz musztardę i dusić jeszcze 5 min.

3 Otwarte małże wyrzucić, zamknięte umyte małże wrzucić do gotującego się sosu, przykryć i zagrzać na silnym ogniu. Całość gotować ok. 5 min, aż małże się otworzą, w tym czasie kilkakrotnie wszystko przemieszać.

4 Małże, które w czasie gotowania się nie otworzyły, należy wyrzucić, pozostałe podawać w sosie.

SKŁADNIKI NA 4 PORCJE

3 szalotki
100 g szynki serrano
2 łyżki oliwy z oliwek, 1 łyżka mąki
150 ml wytrawnego białego wina
1 łyżeczka musztardy
2 łyżki grubo posiekanej trybuli
sól, pieprz
1 kg oczyszczonych małży

CZAS PRZYRZĄDZANIA:
ok. 20 min
(plus czas gotowania)
Wartość odżywcza 1 porcji
ok. 322 kcal/1355 kJ
34 g b., 10 g tł., 18 g ww.

KREWETKI W SOSIE ROMESCO

SKŁADNIKI NA 4 PORCJE

1 pomidor, 5 ząbków czosnku
1 suszona papryka
½ suszonej papryczki pepperoni
4 łyżki octu winnego
100 ml oliwy z oliwek
2 duże kromki długiej bułki
pszennej
12 obranych migdałów
sól, pieprz
350 g ugotowanych
nieobranych krewetek

CZAS PRZYRZĄDZANIA:

ok. 20 min
(plus czas pieczenia)
Wartość odżywcza 1 porcji
ok. 398 kcal/1670 kJ
25 g b., 28 g tł., 12 g ww.

1 Rozgrzać piekarnik
do temp. 175°C. Pomidora
umyć, oczyścić i włożyć
do nieposmarowanego tłuszczem naczynia żaroodpornego.
Dodać obrany czosnek. Całość
zapiekać w piekarniku
ok. 30 min.

2 Paprykę i pepperoni wrzucić na patelnię. Dolać
75 ml wody i 3 łyżki octu winnego. Doprowadzić do wrzenia i gotować na małym ogniu
pod przykryciem około 5 min.
Na małej patelni rozgrzać
łyżkę oleju i opiec bułkę z obu
stron na brązowy kolor. Zdjąć
bułkę z patelni i zmiksować.

3 Na tłuszczu pozostałym
na patelni usmażyć mig-
dały, następnie razem
z papryką, pepperoni, czosnkiem i pomidorem włożyć
je do miksera i zmiksować
z bułką.

4 Ciągle mieszając, dolewać
pozostałą oliwę i ocet.
Całość przelać przez sitko
do miski, dodać sól i pieprz.
Podawać z gotowanymi kre-
wetkami.

DANIA Z GRECKIEJ TAWERNY

Na to przyjęcie do stołu zaprasza Grecja.
Czekają tu na nas ulubione dania, które
składają się na równie smakowity,
co nieskomplikowany bufet
przystawek.

Kalamarakia tiganita, tomates jemistes
i nadziewane liście winogron
przywołują obraz błękitnego morza,
przytulnych tawern i wspólnej biesiady.

KURCZAK CYTRYNOWY Z MARCHEWKĄ

SKŁADNIKI NA 4 PORCJE

600 g marchewki
3 łyżki oliwy z oliwek
1 kg udek z kurczaka
2 pory
skórka z ½ cytryny
125 ml soku z cytryny
275 ml białego wina

CZAS PRZYRZĄDZANIA:
ok. 20 min
(plus czas duszenia)
Wartość odżywcza 1 porcji
ok. 658 kcal/2762 kJ
49 g b., 38 g tł., 17 g ww.

1 Marchewkę umyć, obrać i pokroić w grube słupki. Rozgrzać oliwę i smażyć na niej udka porcjami na chrupko ze wszystkich stron ok. 6 min.

2 Pory dokładnie oczyść i umyć, pokroić w krążki. Dodać do udek na patelni i udusić tak, aby pozostały nieco twarde. Dodać skórkę z cytryny i dusić jeszcze ok. 2 min.

3 Dolać sok z cytryny i wino. Dodać marchewkę i wszystko razem dusić pod przykryciem ok. 25 min, od czasu do czasu obracając. Doprawić solą i pieprzem.

RADA!

Przed włożeniem marchewek do lodówki należy obciąć ich nać, ponieważ wyciąga z nich wilgoć.

KURCZAK CYTRYNOWY Z FIGAMI

1 Rozgrzać piekarnik do temp. 175°C. Kurczaka podzielić na 8 części, każdą przyprawić solą i pieprzem. Rozgrzać oliwę i porcjami podsmażyć kurczaka, najpierw skórką do dołu, przez 5 min.

2 Ułożyć porcje kurczaka w dużej brytfannie skórką do dołu. Figi umyć, mocno przetrzeć ściereczką, pokroić w cząstki i ułożyć między porcjami mięsa. Suszone figi 2 godz. wcześniej namoczyć w gorącej wodzie.

3 Obrać czosnek i cebulę, pokroić w grubą kostkę i położyć koło porcji mięsa. Całość posypać mielonymi przyprawami i dodać listki laurowe.

4 Dolać porto i piec kurczaka pod przykryciem ok. 25 min. Obrócić mięso i piec przez następne 20 min bez przykrycia. Dodać skórkę z cytryny i sok, piec jeszcze 15 min.

SKŁADNIKI NA 4 PORCJE

1 kurczak ok. 1 ½ kg
sól, pieprz, 1 łyżka oliwy z oliwek
12–16 świeżych lub suszonych fig
1 ząbek czosnku, 2 cebule
½ łyżeczki mielonej kolendry
½ łyżeczki mielonego cynamonu
½ łyżeczki mielonego kminu rzymskiego, 2 liście laurowe,
375 ml wina porto (portweinu)
skórka starta z 1 cytryny
2 łyżki soku z cytryny

CZAS PRZYRZĄDZANIA:

ok. 20 min
(plus czas pieczenia)
Wartość odżywcza 1 porcji
ok. 413 kcal/1733 kJ
12 g b., 8 g tł., 47 g ww.

SAŁATKA CHŁOPSKA

SKŁADNIKI NA 4 PORCJE

4 pomidory
1 czerwona papryka
1 żółta papryka
1 pęczek natki pietruszki
1 ogórek sałatkowy
1 cebula
250 g sera feta
1 główka sałaty
2 łyżeczki musztardy
100 ml oliwy tłoczonej na zimno
2 ½ łyżki octu
sól, pieprz
cukier
100 g czarnych oliwek ze słoika
12 listków mięty

CZAS PRZYRZĄDZANIA:
ok. 30 min
Wartość odżywcza 1 porcji
ok. 508 kcal/2132 kJ
14 g b., 46 g tł., 9 g ww.

1 Pomidory umyć, przekroić na pół, wyciąć z nich nasady szypułek i podzielić na ósemki. Paprykę umyć, osuszyć, oczyścić i miąższ pokroić w paski.

2 Umyć natkę pietruszki, osuszyć i drobno posiekać. Obrać ogórek, usunąć nasiona i pokroić na cząstki. Cebulę obrać i pokroić w krążki. Ser feta pokroić w kostkę.

3 Całość wymieszać. Umyć sałatę, osuszyć i porwać listki na małe kawałki. Dodać do składników sałatki i delikatnie wymieszać.

4 Połączyć musztardę z oliwą, octem, solą, pieprzem, cukrem i natką pietruszki, pikantnie doprawić. Wlać do sałaty i wymieszać.

5 Oliwki osączyć, wydrylować, następnie posypać nimi sałatkę. Sałatkę ozdobić listkami mięty.

KALMARY TIGANITA Z TZATZIKI

1 Ogórki umyć, przekroić wzdłuż na pół i usunąć nasiona. Zetrzeć na grubej tarce, posypać solą i na 15 min pozostawić na sitku, by odciekł nadmiar soku.

2 Wymieszać jogurt, sok z cytryny i miętę. Czosnek obrać i wycisnąć przez praskę. Sos wymieszać z ogórkami i zostawić pod przykryciem do naciągnięcia.

3 Przy sprawianiu kalmarów oddzielić od tułowia głowę i macki. Usunąć przezroczystą chrząstkę z wnętrza tułowia oraz pozostałe wnętrzności. Usunąć macki znajdujące się poniżej oczu. Usunąć również aparat gębowy.

4 Kalmary umyć, zdjąć z nich skórę, obciąć płetwy.

5 Tuszki pokroić w krążki grubości 5 mm. Osuszyć tuszki, płetwy i macki papierowym ręcznikiem.

6 Rozgrzać olej, kalmary posypać solą i pieprzem, obtoczyć w mące. Wrzucać porcjami na gorący tłuszcz i smażyć 3 min. Zdjąć z patelni i osączyć z tłuszczu. Podawać z tzatzikami i cytryną pokrojoną w ćwiartki.

SKŁADNIKI NA 4 PORCJE

2 ogórki sałatkowe
sól
400 g jogurtu naturalnego
1 łyżka soku z cytryny
3 łyżki świeżo posiekanej mięty
4 ząbki czosnku
1 kg małych kalmarów
pieprz
mąka
olej do smażenia
ćwiartki cytryny na przybranie

CZAS PRZYRZĄDZANIA:
ok. 35 min
(plus czas smażenia)
Wartość odżywcza 1 porcji
ok. 500 kcal/2100 kJ
47 g b., 19 g tł., 33 g ww.

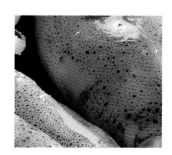

ROLADKI Z ANIELSKIEGO WŁOSIA Z MIGDAŁAMI

SKŁADNIKI NA 40 SZTUK

500 g mrożonego ciasta kataifi
(produkt gotowy)
250 masła
150 g zmielonych pistacji
250 g zmielonych migdałów
600 g cukru
½ łyżeczki zmielonych goździków
1 łyżeczka zmielonego cynamonu
1 łyżka brandy, 1 białko
1 łyżeczka soku z cytryny
skórka starta z ½ cytryny
4 goździki
1 laska cynamonu
1 łyżka miodu
tłuszcz do posmarowania blachy

CZAS PRZYRZĄDZANIA:
ok. 45 min
(plus czas pieczenia)
Wartość odżywcza 1 porcji
ok. 205 kcal/862 kJ
3 g b., 12 g tł., 22 g ww.

1 Ciasto kataifi pozostawić w temperaturze pokojowej ok. 2 godz. Roztopić masło. Rozgrzać piekarnik do temp. 175°C.

2 Wymieszać pistacje i migdały ze 100 g cukru, mielonymi goździkami, mielonym cynamonem i brandy.

3 Lekko ubić białko i wymieszać z masą migdałową. Podzielić na 8 porcji i każdą uformować w rulon długości ok. 18 cm.

4 Garść pasemek ciasta kataifi gęsto rozłożyć w prostokąt (ok. 25 × 18 cm). Posmarować niewielką ilością roztopionego masła, położyć na tym jeden rulon migdałowy, bardzo dokładnie zawinąć go w pasemka ciasta. Tak samo przygotować pozostałe rulony.

5 Wszystkie rulony ułożyć na natłuszczonej blasze i posmarować z wierzchu pozostałym masłem. Piec w piekarniku rozgrzanym do 175°C ok. 50 min.

6 Pozostały cukier rozpuścić w 500 ml wody. Dodać do tego sok i skórkę z cytryny, goździki oraz laskę cynamonu i gotować na małym ogniu 10 min. Dodać miód i ostudzić.

7 Wyjąć rulony z piekarnika i zalać syropem. Wystudzone pokroić na roladki długości ok. 4 cm.

CIEKAWOSTKA!

Ciasto kataifi jest dostępne w greckich i tureckich sklepach spożywczych. Zawsze składa się ono z cienkich nitek. Zamiast niego można też użyć ciasta francuskiego.

SZASZŁYKI Z JAGNIĘCINY W MARYNACIE

1 Jagnięcinę pokroić w kostkę i wrzucić do miseczki.

2 Na marynatę wymieszać oliwę z 50 ml wody, ziołami i rozdrobnionymi 5 liśćmi laurowymi. Dolać wino i sok z cytryny.

3 Przecisnąć obrany czosnek przez praskę i wymieszać marynatę. Zalać nią mięso i odstawić pod przykryciem na całą noc do lodówki.

4 Pomidory umyć i pokroić w ćwiartki. Pepperoni opłukać i przekroić na pół, odciąć nasadę szypułki i usunąć gniazda nasienne. Bakłażana umyć i pokroić w kostkę.

5 Wyjąć mięso z marynaty, osączyć i na przemian z połówkami 4 listków laurowych, ćwiartkami pomidora, pepperoni i kostkami bakłażana nadziewać na zmoczone uprzednio patyczki do szaszłyków.

6 Szaszłyki grillować lub smażyć na patelni beztłuszczowej ze wszystkich stron ok. 10 min, smarując marynatą. Doprawić pieprzem i solą, posypać oregano.

SKŁADNIKI NA 4 PORCJE

500 g łopatki jagnięcej
50 ml oliwy z oliwek
po szczypcie tymianku, oregano, rozmarynu
5 liści laurowych
75 ml wina
1 łyżka soku z cytryny
2 ząbki czosnku
4 pomidory, 4 pepperoni
1 bakłażan
4 liście laurowe, sól, czarny pieprz
4 drewniane patyczki do szaszłyków

CZAS PRZYRZĄDZANIA:

ok. 30 min
(plus czas marynowania)
Wartość odżywcza 1 porcji
ok. 365 kcal/1533 kJ
38 g b., 18 g tł., 9 g ww.

TOMATES JEMISTES

1 Rozgrzać piekarnik do temp. 175°C. Pomidory umyć, odciąć części z nasadą szypułki.

2 Pomidory ostrożnie wydrążyć, miąższ osączyć i pokroić w drobną kostkę. Cebulę obrać i pokroić w kostkę.

3 Cebulę, czosnek i oregano dusić 7 min na 2 łyżkach oliwy. Dodać orzeszki piniowe i rodzynki, całość dusić kolejne 5 min. Domieszać zioła, dodać pieprz i sól. Wymieszać z ryżem i kostkami pomidora.

4 Wypełnić farszem pomidory. Nałożyć wcześniej odkrojone wieczka, posmarować pozostałą oliwą i zapiekać 25 min.

FASZEROWANE LIŚCIE WINOGRON

1 Mielone mięso wymieszać z ryżem, cebulą, jajkiem, 20 g masła, ziołami i sokiem z cytryny. Obrać czosnek i wycisnąć do masy przez praskę, dodać sól i pieprz, wymieszać. Jeśli farsz jest zbyt ścisły, dolać nieco piwa.

2 Liście winogron gotować min w osolonej wodzie, zahartować zimną wodą i osączyć. Na każdy liść nałożyć łyżkę farszu, podwinąć liście z dłuższej strony i ciasno zrolować.

3 W garnku o dużej średnicy roztopić resztę masła i na jego dnie położyć kilka liści. Na to ułożyć liście wypełnione farszem, całość zalać bulionem. Gotować na małym ogniu ok. 2 godz.

SKŁADNIKI NA 4 PORCJE

500 g mielonego mięsa wołowego
1 posiekana cebula
4 łyżki ryżu długoziarnistego
1 jajko, 100 g masła
½ pęczka posiekanej mięty
½ pęczka natki pietruszki, posiekanej
4 łyżki soku z cytryny
3 ząbki czosnku
sól, pieprz, 4 łyżki piwa
20–40 liści winogron
400 ml bulionu warzywnego

CZAS PRZYRZĄDZANIA:

ok. 25 min
(plus czas gotowania)
Wartość odżywcza 1 porcji
ok. 490 kcal/2058 kJ
28 g b., 40 g tł., 7 g ww.

CIEKAWOSTKA!

Obecnie w handlu dostępnych jest wiele różnych odmian mięty. Warto je wszystkie wypróbować, gdyż można z nich uzyskać całą gamę smaków — od bardzo mocnych po łagodne.

POMIDORY Z BAKŁAŻANOWYM KAWIOREM

SKŁADNIKI NA 4 PORCJE

500 g bakłażanów
8 pomidorów
8 listków bazylii
3 ząbki czosnku
4 łyżki oliwy z oliwek
1 łyżeczka soku z cytryny
sól, pieprz
folia aluminiowa
olej do posmarowania folii

CZAS PRZYRZĄDZANIA:

ok. 20 min
(plus czas pieczenia)
Wartość odżywcza 1 porcji
ok. 160 kcal/675 kJ
3 g b., 13 g tł., 8 g ww.

1 Rozgrzać piekarnik do temp. 150°C. Blachę wyłożyć folią i posmarować olejem. Bakłażany umyć, wyciąć nasady szypułek i przekroić wzdłuż na pół.

2 Położyć bakłażany przekrojoną stroną do dołu na folię aluminiową i zapiekać ok. godz. Wydrążyć łyżką miąższ bakłażanów ze skórek.

3 Pomidory umyć, odkroić wieczka i wydrążyć. Miąższ z bakłażanów i wydrążony miąższ pomidorów zmiksować z uprzednio opłukaną bazylią.

4 Obrać czosnek i wycisnąć przez praskę do masy pomidorowo-bakłażanowej, całość wymieszać z olejem i sokiem z cytryny. Posolić i popieprzyć, napełnić masą pomidory, nałożyć odcięte wieczka i podawać.

NADZIEWANA ŻÓŁTA PAPRYKA

1 Cebulę obrać, drobno posiekać i zeszklić na oliwie. Dodać umyty i dobrze osączony ryż i całość dusić 10 min.

2 Dymkę umyć i drobno posiekać. Zioła umyć, osuszyć i drobno posiekać. Wszystko dodać do cebuli i dusić.

3 Pomidory polewać 30 s wrzątkiem, obrać ze skórki, miąższ pokroić w drobną kostkę. Dodać do składników na patelni i dusić na wolnym ogniu. Kiedy ryż wchłonie płyn, w którym się dusił, dodać sól i pieprz. Rozgrzać piekarnik do temp. 200°C.

4 Paprykę oczyścić, umyć, odkroić część z nasadą szypułki, wykroić gniazda nasienne i napełnić farszem ryżowym. Ułożyć w naczyniu żaroodpornym i zapiekać ok. godz.

SKŁADNIKI NA 4 PORCJE

2 cebule, 2 łyżki oliwy z oliwek
250 g ryżu okrągłoziarnistego
1 pęczek cebuli dymki
po 1 pęczku koperku i natki pietruszki, kilka listków mięty
3 pomidory, sól, pieprz
12 jasnozielonych podłużnych papryk
olej do posmarowania formy

CZAS PRZYRZĄDZANIA:
ok. 30 min
(plus czas pieczenia)
Wartość odżywcza 1 porcji
ok. 350 kcal/1470 kJ
9 g b., 7 g tł., 61 g ww.

SMAKI
Z 1001 NOCY

Przekąski proponowane w tym rozdziale zachwycają orientalnym
urokiem. Kuszą zarówno oczy,
jak i podniebienie. Pikantne pasty
z bakłażana, marynowane szaszłyki
z jagnięciny, libańskie pierożki
i nadziewane daktyle wniosą na stół
egzotyczne aromaty.

MARYNOWANE SZASZŁYKI Z RYBĄ

SKŁADNIKI NA 4 PORCJE

6 łyżek oliwy z oliwek
100 ml soku z cytryny
1 posiekana czerwona cebula
1 łyżeczka sproszkowanej papryki
2 listki laurowe
8-10 posiekanych listków szałwii
1,2 kg miecznika
200 g sprawionych krewetek królewskich
1 łyżeczka soli
4 łyżki posiekanej natki pietruszki

CZAS PRZYRZĄDZANIA:

ok. 20 min
(plus czas marynowania)
Wartość odżywcza 1 porcji
ok. 618 kcal/2594 kJ
71 g b., 32 g tł., 12 g ww.

1 Wymieszać 2 łyżki oliwy z 50 ml soku z cytryny, cebulą i sproszkowaną papryką. Dodać listki laurowe i szałwię.

2 Rybę opłukać, osuszyć i pokroić w 4-centymetrową kostkę. Wymieszać z marynatą i odstawić pod przykryciem na 3 godz.

3 Krewetki polać łyżką soku z cytryny i marynować 30 min.

4 Nadziewać na patyczki do szaszłyków na przemian rybę i krewetki, posolić i grillować na dużym ogniu ok. 5 min, często smarując marynatą.

5 Na sos wymieszać pozostałą oliwę z sokiem z cytryny i natką pietruszki.

MARYNOWANE SZASZŁYKI Z JAGNIĘCINY

1 Z mięsa odkroić żyły i tłuszcz, następnie mięso pokroić w kostkę (ok. 4 cm).

2 Na marynatę obrać cebulę i czosnek, drobno posiekać i wymieszać z sokiem z cytryny i oliwą. Dodać zioła, sproszkowaną paprykę, chili i kmin. Całość wymieszać, wlać do mięsa, ponownie wymieszać i odstawić pod przykryciem na 4 godz.

3 Mięso wyjąć i osączyć, a marynatę zostawić. Umyć papryki, przepołowić, odkroić nasady szypułek i usunąć gniazda nasienne. Miąższ pokroić na kawałki. Czerwoną cebulę obrać i pokroić na ćwiartki.

4 Kawałki mięsa nabijać na patyczki na przemian z kawałkami cebuli i papryki. Posypać solą i pieprzem.

5 Szaszłyki grillować ok. 7 min, obracając. Początkowo często smarować marynatą.

SKŁADNIKI NA 4 PORCJE

1 kg jagnięciny z udźca
1 cebula, 4 ząbki czosnku
3 łyżki soku z cytryny
75 ml oliwy z oliwek
1 łyżka posiekanego tymianku
1 łyżka sproszkowanej papryki
½ suszonej papryczki chili
2 łyżeczki kminu rzymskiego
½ pęczka posiekanej natki pietruszki
½ pęczka posiekanej mięty
1 czerwona i 1 zielona papryka
sól, pieprz, 3 czerwone cebule

CZAS PRZYRZĄDZANIA:

ok. 25 min
(plus czas marynowania)
Wartość odżywcza 1 porcji
ok. 598 kcal/2510 kJ
75 g b., 29 g tł., 9 g ww.

TZATZIKI

SKŁADNIKI NA 4 PORCJE

500 g twarożku
2 ogórki sałatkowe
3 cebule
3 ząbki czosnku
175 g owczego sera
sól
świeżo zmielony pieprz
ok. 10 świeżych listków mięty
lub szpinaku

CZAS PRZYRZĄDZANIA:
ok. 15 min
(plus czas na nabranie aromatu)
Wartość odżywcza 1 porcji
ok. 225 kcal/945 kJ
26 g b., 9 g tł., 9 g ww.

1 Twarożek wyłożyć na sitko, aby odciekł. Umyć i obrać ogórki. Przekroić wzdłuż na pół, wydrążyć łyżeczką nasiona i zetrzeć na drobno.

2 Obrać cebulę i czosnek, cebulę drobno posiekać, czosnek przecisnąć przez praskę. Owczy ser rozdrobnić widelcem.

3 Wszystko wymieszać z twarożkiem, przyprawić solą i sporą ilością pieprzu. Odstawić do lodówki pod przykryciem na co najmniej 2 godz.

4 Liście mięty lub szpinaku opłukać, osuszyć i pokroić w cienkie paski.

5 Przed podaniem przemieszać dip, jeszcze raz posolić i popieprzyć. Na koniec dodać miętę lub szpinak.

DAKTYLE Z MLEKIEM MIGDAŁOWYM

SKŁADNIKI NA 4 PORCJE

12 świeżych daktyli
12 łuskanych orzechów włoskich
75 g mielonych migdałów
300 ml mleka
1 ½ łyżki wody z kwiatów
pomarańczy

CZAS PRZYRZĄDZANIA:

ok. 15 min
(plus czas chłodzenia)
Wartość odżywcza 1 porcji
ok. 903 kcal/3791 kJ
16 g b., 45 g tł., 107 g ww.

1 Daktyle umyć i delikatnie osuszyć papierowym ręcznikiem. Następnie naciąć wzdłuż i usunąć pestkę.

2 Orzechy grubo posiekać i lekko uprażyć, mieszając, na patelni bez tłuszczu. Następnie ostudzić i włożyć do ponacinanych daktyli.

3 Mielone migdały wrzucić do garnuszka i lekko uprażyć bez tłuszczu. Dolać mleko, zagotować i zdjąć z ognia.

4 Do mleka z migdałami dodać wodę z kwiatów pomarańczy i całość ostudzić. Nadziewane daktyle wyłożyć do miseczki, a schłodzone mleko migdałowe podać oddzielnie.

SAŁATKA Z OLIWEK

1 Oliwki wyłożyć do salaterki. Chili umyć, usunąć nasadę szypułki oraz nasiona, miąższ drobno posiekać.

2 Czosnek obrać, przekroić na pół i drobno posiekać. Wymieszać z chili i oliwkami.

3 Fenkuła umyć, odciąć zieloną natkę, osuszyć i zachować do dekoracji. Fenkuł pokroić w bardzo drobną kostkę, wymieszać z oliwkami.

4 Z jednej pomarańczy zetrzeć skórkę. Następnie wycisnąć sok i połączyć go ze startą skórką. Doprawić solą i pieprzem, ubijając, dolewać oliwę.

5 Drugą pomarańczę obrać, wyfiletować i dodać do sałatki.

6 Marynatę dokładnie wymieszać z sałatką, odstawić na 30 min. Przed podaniem udekorować listkami fenkułu.

SKŁADNIKI NA 4 PORCJE

250 g czarnych wydrylowanych oliwek
150 g zielonych wydrylowanych oliwek
1 świeża czerwona chili
8 ząbków czosnku
1 duży fenkuł z listkami
2 niespryskiwane pomarańcze
sól, świeżo zmielony pieprz
4 łyżki oliwy

CZAS PRZYRZĄDZANIA:

ok. 20 min
(plus czas marynowania)
Wartość odżywcza 1 porcji
ok. 425 kcal/1785 kJ
4 g b., 40 g tł., 14 g ww.

113

PASTA Z BAKŁAŻANA Z OLIWKAMI

1 Bakłażany umyć i osuszyć, przekroić wzdłuż, posolić i odstawić na 15 min. Następnie połówki bakłażana umyć, osuszyć i polać sokiem z cytryny.

2 Czosnek obrać, drobno posiekać i poddusić min na oleju. Dodać bakłażany i dalej dusić. Cebulę obrać i drobno posiekać. Paprykę umyć, przekroić, oczyścić i pokroić w drobną kostkę.

3 Oliwki wypestkować i dodać do bakłażanów wraz z cebulą i papryką. Dusić pod przykryciem tak długo, aż będzie można zdjąć skórkę z bakłażanów.

4 Bakłażany wyjąć z naczynia i obrać ze skórki. Drobno pokroić i ponownie wrzucić do jarzyn. Wlać 3–4 łyżki wody z sokiem z cytryny, dodać koncentrat pomidorowy, wszystko zagotować i zmiksować.

5 Po wystudzeniu dodać jogurt. Obficie przyprawić solą, pieprzem, cukrem i pieprzem kajeńskim. Posypać posiekaną natką pietruszki i podawać.

SKŁADNIKI NA 4 PORCJE

2 bakłażany
sok z 1 cytryny
2 ząbki czosnku
125 ml oliwy z oliwek
1 cebula
1 czerwona lub żółta papryka
125 g czarnych oliwek
3–4 łyżki soku z cytryny
2 łyżki koncentratu pomidorowego
50 g bardzo gęstego jogurtu
sól, pieprz
1 szczypta cukru
pieprz kajeński
pęczek natki pietruszki

CZAS PRZYRZĄDZANIA:

ok. 20 min
(plus czas gotowania)
Wartość odżywcza 1 porcji
ok. 418 kcal/1753 kJ
5 g b., 39 g tł., 12 g ww.

LIBAŃSKIE PIEROŻKI Z MIELONYM MIĘSEM

SKŁADNIKI NA 20 SZTUK

350 g mąki, sól, ½ kostki drożdży
½ łyżeczki cukru
2 małe posiekane cebule
1 łyżka sklarowanego masła
300 g mielonego mięsa wołowego
4 łyżki orzeszków pinii
szczypta cynamonu i mielonego
ziela angielskiego
½ łyżeczki papryki
pieprz, 1 żółtko, mąka, olej

CZAS PRZYRZĄDZANIA:
ok. 45 min
(plus czas na wyrośnięcie
ciasta i pieczenie)
Wartość odżywcza 1 pierożka
ok. 109 kcal/2069 kJ
5 g b., 4 g tł., 13 g ww.

1 Mąkę wymieszać z ½ łyżki soli, dodać drożdże i cukier rozpuszczone w 200 ml letniej wody. Zagnieść ciasto i pod przykryciem zostawić do wyrośnięcia.

2 Zeszklić cebulę na tłuszczu. Dodać mięso i mieszać, aż się usmaży. Dodać orzeszki pinii i przyprawy i smażyć ok. 4 min. Dodać pieprz i sól, ostudzić. Nagrzać piekarnik do temp. 225°C.

3 Ciasto rozwałkować na blacie i wyciąć kółka o średnicy 8 cm. Na środek każdego nałożyć łyżeczkę farszu i skropić wodą. Żółtko roztrzepać z łyżką wody i posmarować nim brzegi ciasta.

4 Ciasto chwycić na brzegach w trzech miejscach i nad nadzieniem zagnieść je w taki sposób, aby powstał trójkąt, a w środku mały otwór. Pierożki położyć na natłuszczoną blachę, posmarować pozostałym żółtkiem i odstawić na 15 min do wyrośnięcia. Piec w piekarniku ok. 15 min.

ROLADKI NADZIEWANE JAGNIĘCINĄ

1 Piekarnik nagrzać do temp. 175°C. Mięso z cebulą, czosnkiem, przyprawami i pietruszką poddusić na oliwie ok. 8 min. Osączyć z tłuszczu. Dodać orzeszki i jajko, wymieszać.

2 Po kolei wyjmować płaty ciasta filo i kłaść na stolnicę. Resztę ciasta przykryć wilgotną ściereczką. Każdy płat pokroić wzdłuż na 4 równe paski. Dwa posmarować masłem i nakładać na nie dwa nieposmarowane.

3 Położyć 1 łyżkę nadzienia na koniec paska, dłuższe brzegi podwinąć i zwinąć jak cygaro. Posmarować masłem, posypać sezamem, piec 15 min.

SKŁADNIKI NA 4 PORCJE

400 g mielonej jagnięciny
1 posiekana cebula
1 posiekany ząbek czosnku
oliwa z oliwek
po pół łyżki kminu rzymskiego, cynamonu, papryki i imbiru
4 łyżki posiekanej natki pietruszki
4 łyżki uprażonych orzeszków pinii
1 jajko, 6 płatów ciasta filo
80 g rozpuszczonego masła
1 łyżka ziaren sezamu

CZAS PRZYRZĄDZANIA:

ok. 45 min
Wartość odżywcza 1 porcji
ok. 573 kcal/2405 kJ
24 g b., 46 g tł., 17 g ww.

CIEKAWOSTKA!

Ciasto filo pochodzi z Grecji, w Turcji zaś nosi nazwę yufka. W obydwu przypadkach chodzi o cienkie placki z ciasta, które są dostępne w sklepach jako gotowy produkt.

PIZZA ARABSKA

SKŁADNIKI NA 4 PORCJE

500 g mąki pszennej, sól
5 łyżek oliwy z oliwek
30 g drożdży
½ łyżeczki cukru
300 g mielonej jagnięciny
3 drobno posiekane cebule
4 posiekane ząbki czosnku
4 łyżki koncentratu
pomidorowego
1 pęczek posiekanej natki
pietruszki
2 łyżeczki mielonego kminu
rzymskiego
1 łyżeczka mielonej kolendry
pieprz
grysik kukurydziany
do posypania blachy

CZAS PRZYRZĄDZANIA:
ok. 35 min
(plus czas na wyrośnięcie i pieczenie ciasta)
Wartość odżywcza 1 porcji
ok. 638 kcal/2678 kJ
38 g b., 7 g tł., 105 g ww.

1 Mąkę wymieszać z 1 łyżeczką soli i 2 łyżkami oliwy,
drożdże i cukier rozpuścić
w 300 ml letniej wody.
Zagnieść ciasto i pozostawić
pod przykryciem do wyrośnięcia na 60 min.

2 Mięso, cebulę i czosnek
podsmażyć na pozostałej
oliwie ok. 5 min. Dodać koncentrat, pietruszkę i przyprawy. Całość smażyć kolejne
5 min. Dolać 175 ml wody,
posolić i popieprzyć.

3 Piekarnik nagrzać
do temp. 200°C. Ciasto
rozwałkować na 4 cienkie
płaty o średnicy 24 cm, zostawiając nieco grubszy brzeg.

4 Blachę posypać grysikiem
i wyłożyć płatami ciasta.
Nałożyć na nie równomiernie
farsz i piec ok. 12 min.
Następnie każdy płat zrolować i podawać.

ROLADKI Z CIASTA YUFKA ZE SZPINAKIEM

1 Szpinak oczyścić, umyć i osączyć. Poddusić na dwóch łyżkach oliwy z posiekanym czosnkiem i cebulą. Odcedzić, posypać kostkami sera.

2 Ciasto yufka przekroić na 2 trójkąty, położyć jeden na drugim, na górze ułożyć farsz.

3 Dwa końce ciasta posmarować na brzegach wodą i złożyć do środka.

4 Ciasto zrolować i docisnąć brzegi. Smażyć na patelni na gorącym tłuszczu na złotobrązowy kolor.

SKŁADNIKI NA 4 PORCJE

750 g liści szpinaku
1 posiekany ząbek czosnku
2 posiekane cebule
2 łyżki oliwy z oliwek
225 g sera owczego pokrojonego w kostkę
1 ok. 400 g opakowanie ciasta yufka (ciasto francuskie)
olej do smażenia

CZAS PRZYRZĄDZANIA:

ok. 20 min
(plus czas smażenia)
Wartość odżywcza 1 porcji
ok. 648 kcal/2720 kJ
18 g b., 50 g tł., 32 g ww.

FESTIWAL
OWOCÓW MORZA

Ten rozdział prezentuje lekkie dania

o różnorodnych smakach. Polecane

tu przekąski i przystawki na pewno

zyskają uznanie wszystkich miłośników

delikatnych ryb i owoców morza.

Paleta przysmaków sięga

od szlachetnej terriny z łososia,

przez carpaccio z tuńczyka, po małże

w marynacie i zapiekane ostrygi.

CARPACCIO Z TUŃCZYKA

SKŁADNIKI NA 4 PORCJE

400 g świeżego tuńczyka
1 szalotka
2 łyżki oliwy z oliwek
2 łyżki wytrawnego sherry
1 łyżeczka octu z sherry
sól, pieprz
3 łyżeczki kaparów

CZAS PRZYRZĄDZANIA:

ok. 20 min
(plus czas na zamrożenie
i marynowanie)
Wartość odżywcza 1 porcji
ok. 245 kcal/1028 kJ
22 g b., 17 g tł., 2 g ww.

1 Tuńczyka mocno zawinąć w folię i na 2 godz. włożyć do zamrażalnika. Szalotkę drobno posiekać.

2 Oliwę wymieszać z sherry, octem z sherry, solą i pieprzem. Kapary osączyć, drobno posiekać i dodać do sosu wraz z posiekaną szalotką.

3 Zmrożonego tuńczyka pokroić w cieniutkie plastry, najlepiej krajalnicą.

4 Plasterki tuńczyka ułożyć na półmisku, polać sosem i pod przykryciem odstawić na 30 min, żeby się zamarynował.

CIEKAWOSTKA!

Świeży tuńczyk jest uznawany za delikates, którego koniecznie należy spróbować. W Europie najbardziej znany jest duży tuńczyk czerwony. Do grona szczególnie szlachetnych ryb zaliczane są tuńczyki białe.

SZASZŁYKI Z TUŃCZYKA W SOSIE CHERMOULA

1 Na sos chermoula obrać cebule i czosnek, cebulę drobno zetrzeć, a czosnek rozgnieść. Oba składniki wymieszać.

2 Zioła umyć, osuszyć i drobno posiekać. Dobrze wymieszać z cebulą i czosnkiem.

3 Wsypać kmin, szafran i harissę, dolać oliwę i sok z cytryny. Wszystko wymieszać i odstawić na 60 min.

4 Tuńczyka pokroić na niewielkie kawałki, posmarować sosem chermoula i odstawić pod przykryciem na co najmniej godz. do zamarynowania.

5 Tuńczyka nadziewać na patyczki do szaszłyków i opiekać z każdej strony na gorącym grillu ok. 5 min.

SKŁADNIKI NA 4 PORCJE

1 cebula, 1 ząbek czosnku
½ pęczka natki pietruszki
½ pęczka kolendry
½ łyżeczki mielonego kminu rzymskiego
½ łyżeczki mielonego szafranu
½ łyżeczki harissy
125 ml oliwy z oliwek
2 łyżki soku z cytryny
500 g tuńczyka, sól, pieprz

CZAS PRZYRZĄDZANIA:

ok. 25 min
(plus czas na przejście sosu aromatem)
Wartość odżywcza 1 porcji
ok. 535 kcal/2247 kJ
29 g b., 45 g tł., 5 g ww.

TERRINA Z ŁOSOSIA Z SOSEM

SKŁADNIKI NA 4 PORCJE

8 listków białej żelatyny
600 g wędzonego łososia
700 ml śmietany
150 g kwaśnej śmietany
wytrawny wermut, np. Noilly
Prat
świeżo zmielony biały pieprz
1 malutki kawałek czarnej trufli
1 łyżeczka świeżo startego
chrzanu

CZAS PRZYRZĄDZANIA:
ok. 30 min
(plus czas chłodzenia)
Wartość odżywcza 1 porcji
ok. 1000 kcal/4200 kJ
37 g b., 93 g tł., 7 g ww.

1 Żelatynę przygotować zgodnie z przepisem na opakowaniu. 1/3 łososia pokroić w drobną kostkę i odstawić.

2 Pozostałą część łososia zmiksować z 50 ml śmietany i kwaśną śmietaną. Dodać do smaku wermut i pieprz. Truflę posiekać i razem z kostkami łososia wrzucić do masy, dokładnie wymieszać.

3 Żelatynę rozpuścić. Wymieszać z niewielką ilością masy, stopniowo dodawać całość.

4 Ubić 450 ml śmietany i ostrożnie połączyć z masą z łososia.

5 Formę do terriny wyłożyć folią spożywczą, wlać masę i wygładzić. Przykryć i wstawić do lodówki na 4 godz. do stężenia.

6 Terrinę wyjąć z formy i udekorować gałązkami koperku. Na sos ubić pozostałą śmietanę i wymieszać z chrzanem.

ŁOSOŚ W SOSIE MIODOWO-MUSZTARDOWYM

SKŁADNIKI NA 4 PORCJE

1 łyżka cukru, 1 łyżka grubej soli
po 4 ziarenka pieprzu i kolendry
5 owoców jałowca
2 filety łososia ze skórą,
ok. 1 ½ kg
2 pęczki koperku
4 łyżki gruboziarnistej musztardy
4 łyżki miodu
4 łyżki octu z białego wina
80 ml oleju, sól, pieprz
sklarowane masło do smażenia
150 g roszponki

CZAS PRZYRZĄDZANIA:

ok. 30 min
(plus czas macerowania)
Wartość odżywcza 1 porcji
ok. 635 kcal/2667 kJ
71 g b., 35 g tł., 11 g ww.

1 Wymieszać cukier, sól, roztłuczone ziarenka pieprzu, kolendry i jałowca. Wetrzeć w rybę.

2 Koperek umyć, osuszyć i grubo posiekać (pozostawić kilka gałązek). Wetrzeć w rybę. Ułożyć jeden na drugim kawałki ryby skórą do góry i mocno owinąć folią aluminiową.

3 Obciążyć deseczką i odstawić na 2 dni w chłodne miejsce. W tym czasie polewać rybę sosem zbierającym się w folii.

4 Na sos drobno posiekać resztę koperku. Musztardę wymieszać z miodem i olejem, przyprawić solą i pieprzem, dodać koperek.

5 Łososia oczyścić z przypraw i poporcjować. Smażyć na gorącym tłuszczu ok. 1–2 min, kładąc skórą do góry. Układać na umytej roszponce. Całość polać sosem.

SAŁATKA Z RYB SZLACHETNYCH

1 Wszystkie filety posolić, skropić sokiem z limonki i smażyć na gorącym maśle 3–4 min. Doprawić solą oraz pieprzem i odstawić.

2 Sałatę umyć i osuszyć. Większe liście porwać na mniejsze kawałki i poukładać na półmisku.

3 Na marynatę zmieszać olej rzepakowy, ocet z sherry i sok z cytryny. Chili umyć i przekroić. Usunąć nasadę szypułki i nasiona. Miąższ drobno pokroić i dodać do marynaty. Doprawić solą i pieprzem.

4 Pieczarki umyć, obrać, pokroić w cienkie plasterki, wymieszać z marynatą.

5 Usmażone filety ułożyć na liściach sałaty, na wierzch położyć pieczarki i całą sałatę polać marynatą.

6 Bazylię umyć, osuszyć. Listki pokroić i udekorować nimi sałatkę.

SKŁADNIKI NA 4 PORCJE

4 filety z soli
250 g filetów z łososia
250 g filetów z żabnicy
sól, pieprz
2 łyżki soku z limonki
2 łyżki masła
kilka listków różnych sałat, np. radicchio, lollo rosso, roszponki
4 łyżki oleju rzepakowego
1 łyżka octu z sherry
trochę soku z cytryny
1 czerwona papryczka chili
5 pieczarek
trochę bazylii do dekoracji

CZAS PRZYRZĄDZANIA:
ok. 45 min
Wartość odżywcza 1 porcji
ok. 280 kcal/1176 kJ
48 g b., 9 g tł., 2 g ww.

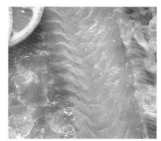

RYBKI SMAŻONE W GŁĘBOKIM TŁUSZCZU

SKŁADNIKI NA 4 PORCJE

500 g małych rybek, np. sardeli
lub sardynek (świeżych
lub mrożonych)
5 łyżek mąki
oliwa z oliwek do smażenia
sól, pieprz
1 pęczek natki pietruszki

CZAS PRZYRZĄDZANIA:
ok. 10 min
Wartość odżywcza 1 porcji
ok. 418 kcal/1754 kJ
26 g b., 31 g tł., 10 g ww.

1 Rybki umyć i dokładnie osuszyć.

2 Rybki obtoczyć w mące. Nadmiar mąki usunąć, otrząsając rybki na sitku.

3 Oliwę rozgrzać do temp. 180°C. Wokół zanurzonej w niej drewnianej łyżki tworzą się wtedy pęcherzyki.

4 Rybki wrzucać porcjami na gorący tłuszcz, tak żeby swobodnie pływały, smażyć na złocisty kolor. Aby były wyjątkowo kruche, należy je po 2 min wyjąć z tłuszczu, osączyć i ponownie wrzucić na min do gorącego tłuszczu. Wyjąć, osączyć na papierowym ręczniku, posolić i popieprzyć.

5 Natkę pietruszki umyć, osuszyć i wrzucić na krótko na gorący tłuszcz, osączyć i podawać z rybkami.

ZAPIEKANE OSTRYGI

1 Muszle dokładnie umyć, otworzyć i wyjąć ostrygi. Płyn zachować. Dolne części muszli osuszyć, ułożyć na gruboziarnistej soli i odstawić w ciepłe miejsce.

2 Wywar z ryby zagotować wraz z płynem z ostryg. Ostrygi wrzucić na 5 s do gorącej, lecz nie gotującej się wody. Następnie włożyć je do muszli i odstawić w ciepłe miejsce.

3 Wywar zredukować, dolać wino i gotować do czasu, aż sos stanie się zawiesisty. Wmieszać żółtko i masło, podprawić szampanem i dodać śmietanę.

4 Doprawić solą i pieprzem kajeńskim, ostrygi polać sosem i zapiekać na środkowym poziomie piekarnika.

SKŁADNIKI NA 4 PORCJE

6 dużych zamkniętych ostryg
gruba sól
75 ml wywaru z ryby
75 ml białego wina
1 żółtko
2 łyżeczki masła
1 łyżka szampana
1 łyżka ubitej śmietany
sól, pieprz kajeński

CZAS PRZYRZĄDZANIA:
ok. 25 min
Wartość odżywcza 1 porcji
ok. 187 kcal/785 kJ
16 g b., 9 g tł., 7 g ww.

CIEKAWOSTKA!

Ostrygi występują w ponad 50 gatunkach. Ostryga europejska jest okrągła i mniejsza; uchodzi za szczególnie aromatyczną. Ostryga z Pacyfiku jest znacznie większa i ma podłużny kształt, jest za to mniej aromatyczna.

MUSZLE ŚW. JAKUBA

SKŁADNIKI NA 4 PORCJE

1 mała posiekana szalotka
150 ml białego wina
400 ml wywaru z ryby
125 g mocno schłodzonego masła
sól, pieprz
16 przegrzebków w muszlach
2 łyżki posiekanego szczypiorku

CZAS PRZYRZĄDZANIA:

ok. 20 min
(plus czas gotowania)
Wartość odżywcza 1 porcji
ok. 480 kcal/2016 kJ
17 g b., 38 g tł., 13 g ww.

1 Na sos zagotować szalotkę z winem, zredukować płyn do połowy i dolać wywar z ryby. Całość wygotować do ok. 1/3, przetrzeć i ponownie zagotować.

2 Wmieszać płatki schłodzonego masła, doprowadzić sos do wrzenia i przyprawić solą i pieprzem.

3 Przegrzebki otworzyć, dokładnie umyć i osuszyć papierowym ręcznikiem. Szary brzeg usunąć, a białe mięso położyć na muszle.

4 Posolić i popieprzyć. Grillować ok. 3 min na dobrze natłuszczonym ruszcie. Sos wymieszać ze szczypiorkiem i polać nim przegrzebki.

OMUŁKI

1 Omułki oczyścić szczotką pod bieżącą wodą, usunąć tzw. brody (włoskowate włókna, którymi omułek przyczepia się do skalnego podłoża), wszystkie otwarte lub uszkodzone małże wyrzucić.

2 Warzywa oczyścić, opłukać i drobno posiekać, cebulę obrać i pokroić w drobną kostkę. Zeszklić cebulę na maśle, dodać warzywa i całość dusić ok. 5 min.

3 Zalać piwem, zagotować, omułki wrzucić do wywaru jarzynowego i gotować pod przykryciem 5 min. W trakcie gotowania od czasu do czasu potrząsnąć garnkiem, aby spowodować otwarcie wszystkich omułków.

4 Ułożyć omułki na półmisku, te, które się nie otworzyły podczas gotowania, należy wyrzucić. Wywar przyprawić solą i pieprzem.

SKŁADNIKI NA 4 PORCJE

2 kg omułków
4 łodygi selera naciowego
3 marchewki
1 por
1 cebula
masło do smażenia
330 ml piwa belgijskiego
sól, świeżo zmielony pieprz

CZAS PRZYRZĄDZANIA:

ok. 20 min
Wartość odżywcza 1 porcji
ok. 420 kcal/1764 kJ
53 g b., 7 g tł., 29 g ww.

CIEKAWOSTKA!

Omułki wprawdzie często nazywa się ostrygami dla biednych, jednak już od dawna są one cenione przez wszystkich smakoszy.

PRZEGRZEBKI Z CHILI

SKŁADNIKI NA 4 PORCJE

2 kg sprawionych przegrzebków
5 marchewek, 1 por
200 g pomidorów koktajlowych
2 ząbki czosnku
1 papryczka chili, 6 łyżek oliwy
z oliwek
250 ml wytrawnego białego wina
2 łyżki soku z limonki, sól

CZAS PRZYRZĄDZANIA:

ok. 20 min
(plus czas gotowania
i marynowania)
Wartość odżywcza 1 porcji
ok. 428 kcal/1796 kJ
56 g b., 8 g tł., 22 g ww.

1 Przegrzebki umyć, otwarte wyrzucić. Marchewkę umyć, obrać i pokroić w bardzo drobną kostkę. Pora oczyścić, przekroić na pół i pokroić na plasterki. Pomidory umyć, przepołowić, usunąć nasady szypułek i podzielić na ćwiartki. Czosnek obrać i pokroić w bardzo cienkie plasterki.

2 Chili umyć, przekroić na pół, usunąć gniazda nasienne i drobno posiekać. Rozgrzać oliwę w brytfannie, wrzucić do niej marchewkę, czosnek oraz chili i dusić ok. 3 min.

3 Dodać małże, pomidory i pora, wymieszać. Zalać winem i całość gotować pod przykryciem 4 min. Następnie wybrać i wyrzucić małże, które się nie otworzyły.

4 Wywar przyprawić sokiem z limonki i solą, polać nim przegrzebki i odstawić je na co najmniej 30 min.

DROBIAZGI
NA JEDEN KĘS

Hasło tego rozdziału brzmi „Prosto
z ręki do ust". Warzywa w cieście,
tempura ze szparagów, sushi z filetem
z pstrąga, quesadillas z piersią indyczą
i szaszłyki drobiowe na słodko-kwaśno,
to tylko niektóre z delikatnych
przystawek w postaci szaszłyczków,
koreczków i ruloników zebranych
z najróżniejszych kuchni świata.

ZAWIJANA SAŁATKA WARZYWNA

SKŁADNIKI NA 4 PORCJE

1 jajko, 200 ml mleka, 120 g mąki
szczypta proszku do pieczenia
sklarowane masło, 1 cebula, sól
75 g strączków zielonego groszku
6 rzodkiewek, 1 marchewka
100 g kapusty pekińskiej
1 łyżka octu winnego
2 łyżki soku z cytryny
2 łyżki wina ryżowego
3 łyżki oleju sezamowego
½ łyżeczki cukru, pieprz
3 łyżki ziarna sezamowego
125 g tofu, 1 łyżka sosu sojowego

CZAS PRZYRZĄDZANIA:
ok. 35 min
(plus czas smażenia naleśników)
Wartość odżywcza 1 porcji
ok. 268 kcal/1124 kJ
14 g b., 11 g tł., 29 g ww.

1 Na ciasto rozmącić jajko z mlekiem i 75 ml wody. Domieszać mąkę i proszek do pieczenia. Z gotowego ciasta na gorącym maśle usmażyć naleśniki o średnicy 15 cm.

2 Obrać cebulę i pokroić w cienkie krążki. Posolić i odstawić. Strączki groszku umyć i gotować 2 min, aby pozostały nieco twarde. Zahartować zimną wodą i osączyć. Przekroić ukośnie na połówki.

3 Krążki cebuli umyć i osuszyć. Rzodkiewki umyć i zetrzeć na tarce. Marchewkę obrać i pokroić w drobną kostkę. Kapustę pekińską pokroić w cienkie paski. Wymieszać ocet z sokiem z cytryny, połową wina ryżowego, łyżką oleju sezamowego i niewielką ilością wody. Doprawić do smaku cukrem, solą i pieprzem i wymieszać z warzywami.

4 Ziarna sezamu uprażyć na patelni bez tłuszczu, połowę zmiksować z tofu i wymieszać z sosem sojowym, pozostałym winem i olejem. Sos, warzywa i sezam rozprowadzić na naleśnikach, następnie je zawinąć.

TEMPURA ZE SZPARAGÓW

1 Rozgrzać olej do temp. 160°C. Szparagi pokroić na kawałki.

2 Na ciasto rozmącić jajko z 250 ml lodowatej wody. Dodać mąkę i proszek do pieczenia i wyrobić gładkie ciasto. Miskę z ciastem wstawić do lodu.

3 Szparagi zanurzać w cieście, pozwolić, aby spłynął z nich nadmiar ciasta i smażyć na gorącym oleju na złocisty kolor. Wyjąć i osączyć na papierowym ręczniku.

SKŁADNIKI NA 4 PORCJE

150 ml oleju sezamowego
800 g obranych białych i zielonych szparagów
1 jajko
125 g mąki
szczypta proszku do pieczenia

CZAS PRZYRZĄDZANIA:
ok. 15 min
(plus czas smażenia)
Wartość odżywcza 1 porcji
ok. 398 kcal/1670 kJ
9 g b., 29 g tł., 27 g ww.

CIEKAWOSTKA!

W procesie produkcji oleju sezamowego tłoczy się na zimno prażone ziarno sezamowe. Bezwonny olej o słodkawym smaku ma bardzo długą trwałość i jest popularnym produktem stosowanym w kuchni azjatyckiej.

SUSHI Z FILETEM Z PSTRĄGA

SKŁADNIKI NA 4 PORCJE

2 cienkie filety z pstrąga,
po ok. 125 g
2 łyżki soli
250 g ryżu okrągłoziarnistego
1 łyżka wina ryżowego
2 łyżki octu winnego
z wina ryżowego
2 łyżeczki cukru
6 łyżek octu ryżowego
kilka krążków cebuli dymki
i koperek na przybranie

CZAS PRZYRZĄDZANIA:

ok. 20 min
(plus czas macerowania)
Wartość odżywcza 1 porcji
ok. 303 kcal/1271 kJ
18 g b., 3 g tł., 52 g ww.

1 Filety z pstrąga natrzeć grubo solą z każdej strony i odstawić pod przykryciem na 60 min.

2 Ryż tak długo płukać pod bieżącą wodą, aż przepływająca przez niego woda będzie całkowicie przejrzysta. Lekko osączyć, wrzucić do garnka, zalać 600 ml wody, winem ryżowym i łyżką octu z wina ryżowego, zagotować.

3 Ryż gotować na średnim ogniu ok. 15 min, odcedzić, zahartować zimną wodą, wymieszać z pozostałym octem winnym i cukrem, odstawić do wystygnięcia.

4 Filety dokładnie umyć, osuszyć i przełożyć do płaskiej miseczki. Polać octem ryżowym i pod przykryciem marynować co najmniej 20 min.

5 Każdy filet pokroić na 4 kawałki. Ryż podzielić na 8 części i uformować w porcje wielkości kawałków ryby. Nałożyć na nie filety i docisnąć je do ryżu, przybrać krążkami dymki oraz koperkiem i podawać.

SAJGONKI

SKŁADNIKI NA 30 SZTUK

ok. 30 płatków ciasta na sajgonki
(dostępne w tureckich
sklepach spożywczych)
6 łyżek suszonych grzybków tongu
100 g makaronu sojowego
ok. 150 g liści szpinaku
200 g wieprzowiny
1 łyżeczka mąki ziemniaczanej
4 łyżki sherry, 1–2 ząbki czosnku
1 kawałek imbiru, ok. 4 cm
1 pęczek cebuli dymki
2–3 papryczki chili
2 łyżki oleju i 2 łyżki oleju
sezamowego
cukier, sól, pieprz
1 łyżka sosu rybnego
olej do głębokiego smażenia

CZAS PRZYRZĄDZANIA:
ok. 30 min
(plus czas smażenia)
Wartość odżywcza 1 sajgonki
ok. 104 kcal/438 kJ
2 g b., 8 g tł., 6 g ww.

1 Płatki ciasta na sajgonki (o szerokości ok. 18 cm) ułożyć obok siebie. Grzybki tongu zmiękczyć, zalewając wodą i odstawiając na 30 min. Makaron sojowy również namoczyć w wodzie.

2 Po namoczeniu wykroić z grzybów trzonki, a kapelusze drobno posiekać. Szpinak opłukać i drobno pokroić.

3 Mięso pokroić na cienkie paski, natrzeć mąką ziemniaczaną i polać sherry.

4 Czosnek i imbir obrać i drobno posiekać. Dymkę umyć i drobno poszatkować. Z chili usunąć gniazda nasienne i posiekać.

5 Rozgrzać olej w woku, podsmażyć na nim czosnek i imbir. Włożyć mięso i min smażyć na dużym ogniu, ciągle mieszając.

6 Dodać grzyby, osączony makaron sojowy, dymkę, chili i szpinak. Mieszać na bardzo dużym ogniu, dodać przyprawy i wystudzić.

7 Na każdą połówkę porcji ciasta nałożyć po łyżce farszu. Złożyć ciasto wpół i luźno zawinąć. Smażyć sajgonki w głębokim tłuszczu na złotobrązowy kolor.

QUESADILLAS Z PIERSIĄ INDYCZĄ

1 Marchewkę umyć, obrać i zetrzeć na grubej tarce. Szalotkę obrać i pokroić na cienkie krążki. Pomidory polewać wrzątkiem 30 s, obrać ze skórki i pokroić w drobną kostkę.

2 Marchewkę i szalotkę zeszklić na łyżce masła, wystudzić.

3 Serek ziołowy wymieszać ze śmietaną i szczypiorkiem. Pierś indyczą pokroić na cienkie paski. Liście sałaty opłukać i osuszyć.

4 Placki tortilli podgrzać na patelni bez tłuszczu z obu stron, uważając jednak, żeby nie stwardniały. Zdjąć z patelni i jeszcze ciepłe posmarować masą z serka i śmietany.

5 Na wierzchu ułożyć liście sałaty i paski mięsa z indyka, posypać warzywami. Nałożyć na wierzch nieco remolady.

6 Placki tortilli ściśle zawinąć i ukośnie pokroić na mniejsze kawałki. Roladki z tortilli spiąć, wbijając wykałaczki obok odsłoniętej krawędzi ciasta, następnie ułożyć na półmisku.

SKŁADNIKI NA 4 PORCJE

300 g marchewki
1 szalotka
4 pomidory
1 łyżka masła
200 g białego serka z ziołami
3 łyżki tłustej śmietany crème fraîche
2 łyżki posiekanego szczypiorku
300 g wędzonej piersi z indyka
12 liści sałaty
12 małych placków tortilli
5 łyżek remolady

CZAS PRZYRZĄDZANIA:

ok. 20 min
(plus czas na podgrzanie)
Wartość odżywcza 1 porcji
ok. 423 kcal/1775 kJ
29 g b., 20 g tł., 30 g ww.

 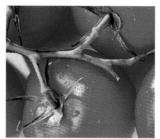 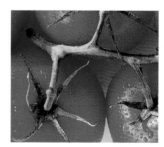

USZKA Z PESTO

1 Ciasto rozmrozić. Rozgrzać piekarnik do temp. 200 °C. Ciasto cienko rozwałkować i podzielić na trzy równe części.

2 Rozmącić jajko z niewielką ilością wody i posmarować nim brzegi ciasta.

3 Na jedną część ciasta położyć boczek lub chorizo i cebulę. Ciasto ściśle zawinąć, po czym pokroić na plastry grubości 8 mm. Plastry faszerowanego ciasta ułożyć na blasze wyłożonej papierem do pieczenia.

4 Drugą część ciasta posmarować pesto i zawinąć. Powstały rulon pokroić na plastry grubości 5 mm i ułożyć na blasze wyłożonej papierem do pieczenia.

5 Pozostały płat ciasta posypać makiem i startym serem. Zwinąć w rulon od węższej strony. Pociąć na plastry grubości 5 mm i położyć na blasze wyłożonej papierem do pieczenia. Całość piec w piekarniku ok. 12 min.

SKŁADNIKI NA 4 PORCJE

450 g mrożonego ciasta francuskiego

1 żółtko

100 g pokrojonego w drobną kostkę boczku lub kiełbasy chorizo

1 bardzo drobno posiekana cebula

3–4 łyżki pesto, np. bazyliowo-
-pomidorowego

3 łyżki maku

3 łyżki startego parmezanu

mąka do rozwałkowania ciasta

CZAS PRZYRZĄDZANIA:

ok. 30 min
(plus czas pieczenia)
Wartość odżywcza 1 uszka
ok. 81 kcal/342 kJ
2 g b., 6 g tł., 4 g ww.

SZASZŁYKI JAGNIĘCE NA OSTRO

SKŁADNIKI NA 4 PORCJE

500 g polędwicy jagnięcej
2 ząbki czosnku
starta skórka i sok
z 1 niespryskiwanej limetki
2 łyżki przyprawy sambal oelek
8 cebulek dymek
½ mango
sól, 2 łyżki sklarowanego masła

CZAS PRZYRZĄDZANIA:

ok. 20 min
(plus czas marynowania)
Wartość odżywcza 1 porcji
ok. 244 kcal/1023 kJ
5 g b., 5 g tł., 11 g ww.

1 Polędwicę jagnięcą pokroić na plasterki grubości 1 cm. Plasterki mięsa rozgnieść lekko dłonią.

2 Czosnek obrać i przecisnąć przez praskę. Wymieszać z sokiem oraz skórką limetki i przyprawą sambal oelek. Do marynaty włożyć mięso i dokładnie wymieszać. Wstawić pod przykryciem do lodówki i marynować co najmniej godz.

3 Dymkę umyć i pokroić na kawałki. Mango obrać i pokroić w niewielką kostkę.

4 Plasterki jagnięciny wyjąć z marynaty i osuszyć papierowym ręcznikiem.

5 Plasterki mięsa ułożone w falę nadziać na patyczki do szaszłyków na przemian z dymką i kawałkami mango. Szaszłyki lekko posolić i smażyć na gorącym maśle ze wszystkich stron ok. 5 min.

SATEY Z ŁOSOSIA

SKŁADNIKI NA 8 SZTUK

50 g dobrego majonezu
1 łyżeczka soku z limetki
1 łyżeczka startego kłącza imbiru
75 g tłustego serka
śmietankowego
3 łyżki śmietany, 4 gałązki kopru
sól, pieprz, papryka
8 plasterków wędzonego lub
bardzo świeżego łososia
8 ugotowanych krewetek

CZAS PRZYRZĄDZANIA:

ok. 25 min
Wartość odżywcza 1 satey
ok. 143 kcal/598 kJ
11 g b., 11 g tł., 2 g ww.

1 Wymieszać majonez z sokiem z limetki, imbirem, białym serkiem i śmietaną.

2 Koperek umyć, osuszyć i połowę bardzo drobno posiekać. Dodać do majonezu. Całość przyprawić solą, pieprzem i papryką.

3 Rozłożyć plastry łososia obok siebie, posmarować masą serową i zawinąć.

4 Roladki łososiowe pokroić na plasterki i każdy nadziać wraz z krewetką na wykałaczkę. Przybrać pozostałym koperkiem.

CIEKAWOSTKA!

Im większy imbir, tym jest ostrzejszy. A skoro już o nim mowa, to warto nadmienić, że najlepszy imbir pochodzi z Jamajki.

152

SZASZŁYKI DROBIOWE NA SŁODKO-KWAŚNO

1 Wymieszać 125 ml wody z cukrem i esencją octową i gotować 5 min.

2 Obrać melona, wydrążyć pestki i pokroić go na kawałki. Opłukać maliny.

3 Owoce i migdały zalać przygotowanym wcześniej syropem i odstawić na 2 godz. do naciągnięcia.

4 Piersi z kurczaka pokroić w kostkę, cebulę obrać i pokroić w piórka. Mięso na przemian z cebulą nadziać na patyczki do szaszłyków.

5 Szaszłyki smażyć na gorącym oleju ok. 5 min. Posypać solą i pieprzem. Szaszłyki podawać dekoracyjnie ułożone na owocach.

SKŁADNIKI NA 4 PORCJE

225 g brązowego cukru
1 łyżka esencji octowej 25%
300 g melona miodowego
250 g malin
50 g słupków migdałów
500 g piersi z kurczaka
3 cebule
2 łyżki oleju, sól, pieprz

CZAS PRZYRZĄDZANIA:

ok. 35 min
(plus czas naciągania owoców i migdałów syropem)
Wartość odżywcza 1 porcji
ok. 528 kcal/2216 kJ
34 g b., 13 g tł., 66 g ww.

153

CHIŃSKIE SZASZŁYKI RYBNE

SKŁADNIKI NA 4 PORCJE

200 g nieobranych mrożonych krewetek królewskich bez główek

200 g filetu z rekina

1 łyżka soku z cytryny

½ świeżego ananasa

200 g pomidorków koktajlowych

4 zielone marynowane papryczki chili

1 łyżka oliwy chili

CZAS PRZYRZĄDZANIA:
ok. 25 min
Wartość odżywcza 1 porcji
ok. 161 kcal/677 kJ
20 g b., 6 g tł., 7 g ww.

1 Krewetki rozmrozić, następnie obrać do ogona i usunąć czarny przewód pokarmowy.

2 Filet z rekina pokroić na niewielkie kawałki, skropić sokiem z cytryny i odstawić na 10 min.

3 Ananasa obrać, przekroić wzdłuż na ćwiartki, wyciąć twardy rdzeń, a miąższ pokroić na małe kawałki.

4 Pomidorki umyć, osuszyć, papryczki po wyjęciu z zaprawy osączyć.

5 Nadziać na patyczki do szaszłyków na przemian mięso z rekina, papryczki chili, krewetki, kawałki ananasa i pomidorki koktajlowe. Na szaszłykach rozprowadzić pędzelkiem oliwę chili.

6 Piec szaszłyki na rozgrzanym grillu ze wszystkich stron ok. 5 min.

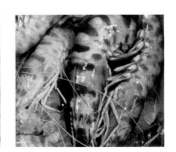

PRZYJĘCIE DLA DZIECI

A teraz coś, co spodoba się maluchom.
Obok fantazyjnych szaszłyczków
z kulek mięsnych i paluszków rybnych
do ucztowania zachęcają kolorowa
sałatka z makaronu i chrupiące
skrzydełka z kurczaka.

Oczywiście nie zapomnieliśmy też
o łasuchach – słodkie akcenty stanowią
tu różnorodne muffiny, czekoladowe
misie i galaretki.

SZASZŁYKI BANANOWE Z KULKAMI MIĘSNYMI

SKŁADNIKI NA 4 PORCJE

1 ząbek czosnku
500 g mielonego mięsa
3 banany, 2 jajka
4 łyżki gotowej panierki
1 łyżeczka musztardy
1 łyżeczka słodkiej papryki
4 krople tabasco
40 g sklarowanego masła
2 małe cebule, 1 małe mango
1 opakowanie
przecieru pomidorowego
sól, pieprz, cukier, sok z ½ cytryny
½ pęczka natki pietruszki

CZAS PRZYRZĄDZANIA:

ok. 25 min
(plus czas smażenia)
Wartość odżywcza 1 porcji
ok. 538 kcal/2258 kJ
32 g b., 29 g tł., 37 g ww.

1 Ząbek czosnku obrać, posiekać w drobną kostkę i dodać do mięsa. Dodać także jednego obranego i rozgniecionego widelcem banana. Mięso wymieszać z jajkami, panierką i musztardą. Masę dość ostro przyprawić. Wilgotnymi dłońmi formować z masy mięsnej małe kulki i smażyć je na brązowo z każdej strony. Osączyć.

2 Na sos obrać cebulę i zeszklić na tłuszczu. Dodać przecier pomidorowy, dusić. Mango obrać, wyjąć pestkę, miąższ pokroić w drobną kostkę i wymieszać z sosem pomidorowym.

Przyprawić solą, pieprzem, cukrem i sokiem z cytryny. Pietruszkę umyć, osuszyć, drobno posiekać i wymieszać z sosem.

3 Pozostałe banany obrać i pokroić w plasterki, skropić sokiem z cytryny. Kulki mięsne na przemian z bananem nadziewać na patyczki. Szaszłyki podawać z sosem.

SZASZŁYKI Z PALUSZKÓW RYBNYCH

1 Paluszki rybne pokroić na 3-centymetrowe kawałki i usmażyć na patelni na niewielkiej ilości masła na złotobrązowy kolor.

2 Brzoskwinie pokroić w ćwiartki i na przemian z kawałkami ryby nadziać na patyczki do szaszłyków.

3 Na pikantny dip zeszklić na oleju cebulę i czosnek, domieszać ketchup i natkę pietruszki.

4 Na sos serowy wymieszać serek śmietankowy z mlekiem, skórką i sokiem z cytryny. Przyprawić solą, pieprzem i cukrem. Dodać trochę posiekanej melisy cytrynowej.

SKŁADNIKI NA 4 PORCJE

15 paluszków rybnych
masło do smażenia
12 połówek brzoskwini z puszki
1 posiekana cebula
1 posiekany ząbek czosnku
3 łyżki oleju
200 ml keczupu
1 łyżka siekanej natki pietruszki
100 g tłustego serka śmietankowego
2–3 łyżki mleka
starta skórka i sok z ½ cytryny
sól, pieprz, cukier
trochę melisy cytrynowej

CZAS PRZYRZĄDZANIA:
ok. 25 min
(plus czas smażenia)
Wartość odżywcza 1 porcji
ok. 209 kcal/881 kJ
6 g b., 10 g tł., 23 g ww.

RADA!

Te szaszłyki można przygotować też z ananasem, używając go zamiast brzoskwini.

SAŁATKA MAKARONOWA KONFETTI

1 Makaron ugotować zgodnie z przepisem na opakowaniu, odcedzić, zahartować i dokładnie osączyć. Wymieszać z łyżką oleju.

2 Pomidorki umyć, wytrzeć i przepołowić. Paprykę umyć, przepołowić, odciąć nasadę szypułki, wykroić gniazda nasienne, miąższ pokroić w drobną kostkę.

3 Pierś indyczą pokroić w drobną kostkę. Dymkę oczyścić, opłukać i pokroić w krążki. Marchewki obrać, posiekać w drobną kostkę i lekko poddusić na łyżce oleju, dodać dymkę i dusić kolejne 2 min. Przyprawić solą i pieprzem.

4 Wszystkie warzywa wymieszać z odcedzonym makaronem. Na sos wymieszać pozostałą oliwę z octem, bulionem i śmietaną. Mocno przyprawić pieprzem i solą.

5 Sałatkę wymieszać z sosem i odstawić na co najmniej godz. Przed podaniem doprawić pieprzem i solą.

SKŁADNIKI NA 4 PORCJE

500 g makaronu
8 łyżek oleju
5 pomidorków koktajlowych
1 żółta papryka
200 g wędzonej piersi indyczej
3 cebule dymki
2 marchewki
sól
pieprz
4 łyżki octu
4 łyżki esencjonalnego bulionu
4 łyżki śmietany

CZAS PRZYRZĄDZANIA:

ok. 30 min
(plus czas przechodzenia aromatem)
Wartość odżywcza 1 porcji
ok. 590 kcal/2478 kJ
30 g b., 10 g tł., 93 g ww.

SKRZYDEŁKA Z DIPEM CYTRYNOWYM

SKŁADNIKI NA 4 PORCJE

2 łyżki sosu sojowego
2–3 ząbki czosnku
1 łyżka miodu
sok z 1 cytryny
sól, pieprz
10 dużych skrzydełek z kurczaka
1 banan
200 g śmietany typu crème fraîche
2 łyżki śmietany
½ cytryny, ok. 2 łyżek miodu

CZAS PRZYRZĄDZANIA:

ok. 20 min
(plus czas marynowania
i pieczenia)
Wartość odżywcza 1 porcji
ok. 518 kcal/2174 kJ
27 g b., 37 g tł., 18 g ww.

1 Na marynatę wlać do miseczki sos sojowy. Obrać czosnek i wycisnąć przez praskę do sosu sojowego. Dodać miód wraz z sokiem z cytryny, całość przyprawić pieprzem i solą i dokładnie wymieszać.

2 Skrzydełka przeciąć na wysokości stawu, następnie dolne i górne części włożyć do marynaty i odstawić pod przykryciem na całą noc.

3 Rozgrzać piekarnik do temp. 225°C. Skrzydełka ułożyć na natłuszczonej blasze.

4 Piec ok. 30 min, aż skrzydełka będą chrupiące.

5 Na dip zmiksować banana i wymieszać na gładką masę z crème fraîche i śmietaną. Cytrynę umyć pod gorącą wodą, osuszyć i zetrzeć wierzchnią warstwę skórki.

6 Cytrynę wycisnąć, sok i skórkę domieszać do dipu. Doprawić dip miodem i podawać do skrzydełek.

FONDUE CZEKOLADOWE

SKŁADNIKI NA 4 PORCJE

250 ml śmietany
200 g czekolady mlecznej
200 g czekolady gorzkiej
1 opakowanie cukru waniliowego
1 banan
1 jabłko
2 plastry ananasa
200 g truskawek
2 kiwi

CZAS PRZYRZĄDZANIA:
ok. 25 min
Wartość odżywcza 1 porcji
ok. 777 kcal/3265 kJ
11 g b., 51 g tł., 69 g ww.

1 Śmietanę podgrzać w garnku, powoli mieszając. Dodać drobno pokrojoną czekoladę i rozpuścić. Dodać cukier waniliowy i odstawić w ciepłe miejsce.

2 Obrać banana i jabłko, banana pokroić w grube plasterki, jabłko na cząstki, usunąć gniazda nasienne. Pokrojone owoce skropić odrobiną soku z cytryny.

3 Plastry ananasa pokroić w niewielkie kawałki. Truskawki umyć, osuszyć i usunąć szypułki. Kiwi obrać i pokroić na kawałki.

4 Owoce dekoracyjnie ułożyć na talerzykach i podać do nich czekoladowe fondue.

GALARETKI W SOSIE WANILIOWYM

SKŁADNIKI NA 10–12 PORCJI

1 opakowanie galaretki
malinowej lub wiśniowej
1 opakowanie galaretki
agrestowej
1 opakowanie galaretki
cytrynowej
180–240 g cukru
1 opakowanie sosu
waniliowego w proszku
400 ml mleka
szczypta soli
80 g cukru
250 ml lodów waniliowych

CZAS PRZYRZĄDZANIA:

ok. 25 min
(plus czas chłodzenia)
Wartość odżywcza 1 porcji
ok. 220 kcal/927 kJ
2 g b., 3 g tł., 45 g ww.

1 Galaretki rozpuścić osobno w 400 ml wody i każdą wymieszać z 60–80 g cukru. Galaretki przelać do płaskich form, wcześniej opłukanych wodą, i pod przykryciem odstawić na noc do lodówki, aby stężały.

2 Na sos odlać trochę mleka i wymieszać z sosem waniliowym w proszku. Pozostałe mleko zagotować z solą i cukrem i zagęścić rozrobionym sosem w proszku. Sos ostudzić, od czasu do czasu przemieszać.

3 Następnego dnia odkroić galaretkę od brzegów formy, na chwilę zanurzyć formę w gorącej wodzie i wyłożyć galaretkę na zwilżoną wodą deskę do krojenia. Galaretki pokroić w kostkę, zanurzanym w wodzie nożem. Galaretki ułożyć dekoracyjnie w miseczkach.

4 Lekko rozmrożone lody delikatnie wymieszać z sosem waniliowym. Kolorowe kostki galaretki polać niewielka ilością sosu, a pozostały sos podać oddzielnie.

CZEKOLADOWE MIŚKI

1 Rozgrzać piekarnik do temp. 175°C. Masło, cukier i cukier waniliowy wymieszać na puszystą masę, powoli dodawać jajka, ciągle mieszając.

2 Migdały lub orzechy wymieszać z mąką, proszkiem do pieczenia oraz czekoladą i wmieszać we wcześniej przygotowaną masę.

3 Ciasto wyłożyć do czterech natłuszczonych foremek w kształcie miśków i piec 40–50 min.

4 Wystudzone ciasto przeciąć poziomo na pół i przełożyć kremem nugatowym.

5 Polewę czekoladową rozpuścić w kąpieli wodnej. Ciastka polać polewą i przyozdobić kolorowymi pastylkami.

SKŁADNIKI NA 4 SZTUKI

225 g masła, 225 g cukru

1 opakowanie cukru waniliowego, 4 jajka

100 g zmielonych migdałów lub orzechów laskowych

300 g mąki, 1 opakowanie proszku do pieczenia

100 g posiekanej czekolady

300 g kremu nugatowego (gotowego)

1 opakowanie polewy czekoladowej

kolorowe pastylki czekoladowe

CZAS PRZYRZĄDZANIA:

ok. 40 min
(plus czas pieczenia)
Wartość odżywcza 1 miśka
ok. 2008 kcal/8432 kJ
33 g b., 122 g tł., 197 g ww.

MUFFINY MALINOWE

SKŁADNIKI NA 12 SZTUK

100 g masła, 125 g cukru
1 opakowanie cukru
waniliowego, 2 jajka
50 g czekolady, 200 g mąki
1 łyżeczka proszku do pieczenia
500 g malin (mrożonych)
75 g cukru pudru
kolorowe pastylki czekoladowe
24 papilotki, 12 świeżych malin

CZAS PRZYRZĄDZANIA:
ok. 20 min
(plus czas pieczenia)
Wartość odżywcza 1 muffiny
ok. 249 kcal/1046 kJ
4 g b., 10 g tł., 34 g ww.

1 Rozgrzać piekarnik do temp. 175°C. Masło, cukier i cukier waniliowy wymieszać na puszystą masę, powoli dodawać jajka, ciągle mieszając. Pokroić czekoladę.

2 Wymieszać mąkę, proszek do pieczenia, maliny i pokrojoną czekoladę i dodać do masy.

3 Do 12 papilotek włożyć po jednej z pozostałych, aby powstało 12 podwójnych. Papilotki wyłożyć na blachę. Napełnić je ciastem do wysokości 1 cm poniżej krawędzi i piec 20 min. Po upieczeniu muffiny wystudzić.

4 Cukier puder utrzeć z odrobiną wody. Lukrem posmarować muffiny. Przyozdobić malinami i pastylkami czekoladowymi.

MUFFINY STRACCIATELLA

1 Rozgrzać piekarnik do temp. 175°C. Ubić śmietanę na półsztywno. Wymieszać z cukrem i cukrem waniliowym.

2 Oddzielić żółtka od białek, żółtka dodać do śmietany i wymieszać. Połączyć mąkę i proszek do pieczenia, domieszać do śmietany. Białka ubić na sztywno, dodać do masy, następnie domieszać krem orzechowo-nugatowy.

3 Do 12 papilotek włożyć po jednej z pozostałych, aby powstało 12 podwójnych. Papilotki wyłożyć na blachę. Napełnić je ciastem do wysokości ok. 1 cm poniżej krawędzi i piec 20 min.

4 Po upieczeniu wystudzone muffiny przekroić poziomo na pół. Ubić śmietanę na sztywno, wymieszać ze startą czekoladą i tą masą przełożyć muffiny.

SKŁADNIKI NA 12 SZTUK

200 g śmietany, 125 g cukru

1 opakowanie cukru waniliowego, 3 jajka

225 g mąki, 2 łyżeczki proszku do pieczenia

3 łyżki kremu orzechowo--nugatowego, 250 g śmietany

75–100 g startej czekolady

24 papilotki

CZAS PRZYRZĄDZANIA:

ok. 20 min
(plus czas pieczenia)
Wartość odżywcza 1 muffiny
ok. 297 kcal/1246 kJ
6 g b., 17 g tł., 31 g ww.

CIEKAWOSTKA!

Cukier waniliowy można bez problemu zrobić domowym sposobem. W tym celu należy naciąć laskę wanilii, znajdujący się w środku miąższ wymieszać z odpowiednią ilością cukru, po czym całość wsypać do słoika. Tak przygotowany cukier waniliowy przechowywać w suchym i ciemnym miejscu, aby na długi czas zachował swój aromat.

171

MUFFINY PIZZOWE

SKŁADNIKI NA 12 SZTUK

250 g mąki, 2 łyżeczki proszku
do pieczenia
½ łyżeczki sody oczyszczonej
½ łyżeczki soli
150 g sera mozzarella
1 zielona papryka pokrojona
w kostkę
40 g startego twardego sera,
np. parmezanu
1 jajko, 60 ml oleju
150 g jogurtu
100 g przecieru pomidorowego
1 ząbek czosnku, 1 cebula
24 papilotki

CZAS PRZYRZĄDZANIA:
ok. 50 min
Wartość odżywcza 1 muffiny
ok. 179 kcal/752 kJ
9 g b., 8 g tł., 18 g ww.

1 Rozgrzać piekarnik do temp. 175°C. Wymieszać mąkę z proszkiem do pieczenia, sodą oczyszczoną i solą.

2 Mozzarellę pokroić w drobną kostkę. Wymieszać z papryką, tartym serem i mąką.

3 W drugiej miseczce utrzeć jajko z olejem i jogurtem. Dodać przecier pomidorowy.

4 Obrać cebulę i czosnek. Czosnek przecisnąć przez praskę, a cebulę drobno posiekać i dodać do masy z przecierem. Domieszać mąkę z serem, tak aby wszystkie składniki były wilgotne.

5 Do 12 papilotek włożyć po jednej z pozostałych, aby powstało 12 podwójnych. Papilotki wyłożyć na blachę. Napełnić je ciastem do wysokości ok. 1 cm poniżej krawędzi i piec 20 min.

6 Po upieczeniu muffiny wystudzić, przyozdobić i podawać.

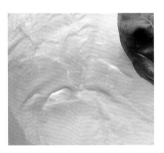

PRZYJĘCIE KARNAWAŁOWE

Ponieważ lubimy świętować nie tylko we wspaniałym okresie karnawału, w tym rozdziale podajemy parę przepisów na pyszne smakowitości doskonale nadające się na każdą szampańską imprezę. Zadbaliśmy przy tym o to, aby wszystkie potrawy były łatwe do przygotowania, dzięki czemu gospodarz będzie mógł bawić się razem z gośćmi od samego początku przyjęcia. Reszta to już wyłącznie kwestia dobrego nastroju!

SAŁATKA ŚLEDZIOWA

SKŁADNIKI NA 4 PORCJE

6 jajek, 5 ugotowanych buraków
500 g ugotowanych ziemniaków
300 g mortadeli
250 g ogórków konserwowych
2 cebule, 2 jabłka
200 g orzechów włoskich
500 g matiasów w oleju
300 g majonezu
3 łyżki posiekanego szczypiorku

CZAS PRZYRZĄDZANIA:
ok. 35 min
(plus czas na przechodzenie
aromatem)
Wartość odżywcza 1 porcji
ok. 1185 kcal/4977 kJ
56 g b., 91 g tł., 37 g ww.

1 Jajka ugotować na twardo, zahartować i obrać, 2 jajka drobno posiekać. Buraki, ziemniaki, kiełbasę i ogórki konserwowe pokroić w drobną kostkę.

2 Cebulę obrać i drobno posiekać. Jabłka umyć, osuszyć, oczyścić z gniazd nasiennych i pokroić w drobną kostkę. Orzechy grubo posiekać.

3 Śledzie przekroić wzdłuż na pół i pokroić na centymetrowe kawałki.

4 Wszystkie składniki, z wyjątkiem całych jajek, delikatnie wymieszać. Dodać trochę zalewy z ogórków i pod przykryciem wstawić na noc do lodówki, aby składniki przeszły swoim aromatem.

5 Wymieszać majonez z 3 łyżkami ciepłej wody i dodać do sałatki.

6 Pozostałe jajka przekroić na pół i udekorować nimi sałatkę. Całość posypać szczypiorkiem.

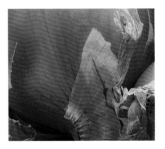

ZUPA GULASZOWA

SKŁADNIKI NA 4 PORCJE

800 g mięsa na gulasz
2 pory
200 g selera, 3 marchewki
2 czerwone papryki, 6 cebul
250 g przecieru pomidorowego
3 ogórki konserwowe pokrojone w kostkę
100 g małej cebulki perłowej ze słoika
1 l zupy z ogonów wołowych z puszki
sól, pieprz
ostra sproszkowana papryka
1 puszka grzybów leśnych (ok. 850 ml)
500–750 ml bulionu mięsnego lub jarzynowego

CZAS PRZYRZĄDZANIA:
ok. 40 min
(plus czas gotowania)
Wartość odżywcza 1 porcji
ok. 675 kcal/2835 kJ
17 g b., 29 g tł., 17 g ww.

1 Mięso porcjami obsmażyć i włożyć do garnka. Warzywa umyć, zależnie od rodzaju obrać, oczyścić i pokroić na małe kawałki.

2 Warzywa podsmażyć na tłuszczu i dodać do mięsa. Dodać przecier pomidorowy, ogórki konserwowe i cebulkę perłową.

3 Dolać zupę ogonową, dodać pieprz, sól i paprykę do smaku. Zupę gotować pod przykryciem na małym ogniu ok. półtorej godz.

4 Kiedy mięso będzie miękkie, dodać osączone grzyby. Dolać bulion, zagotować i ewentualnie jeszcze raz doprawić zupę pieprzem i solą.

ZUPA Z PIECA

1 Boczek pokroić w kostkę, cebulę obrać i pokroić w krążki. Boczek usmażyć na patelni. Dodać osączone pieczarki i cebulę, razem poddusić i odstawić.

2 Mięso pokroić w nieduże kawałki, wrzucić do brytfanny, dodać sól, pieprz i pieprz kajeński. Ser zetrzeć na tarce, pory umyć i pokroić w krążki. Do mięsa dodać ser i pory oraz boczek z pieczarkami, całość zalać śmietaną i pod przykryciem wstawić na noc do lodówki.

3 Rozgrzać piekarnik do temp. 180°C. Warzywa z mięsem wstawić do piekarnika pod przykryciem na 60 min. Przygotować sos według przepisu na opakowaniu. Wyjąć brytfannę, wlać wino, bulion, sos do pieczeni i całość wymieszać. Brytfannę nakryć i ponownie wstawić do piekarnika na 60 min.

4 Wyłączyć piekarnik, pozostawić w nim zupę jeszcze ok. 30 min. Pietruszkę umyć, osuszyć i drobno posiekać. Posypać nią zupę i podawać.

SKŁADNIKI NA 4 PORCJE

150 g wędzonego boczku, 2 cebule

1 puszka pasteryzowanych pieczarek, ok. 850 ml

750 g mięsa wieprzowego

sól, pieprz, pieprz kajeński

100 g niezbyt dojrzałego sera, np. gouda

2 małe pory, 200 ml śmietany

100 ml wytrawnego białego wina

1 opakowanie sosu pieczeniowego w proszku

1 pęczek natki pietruszki

CZAS PRZYRZĄDZANIA:

ok. 40 min
(plus czas na nabranie aromatu i gotowanie)
Wartość odżywcza 1 porcji
ok. 373 kcal/1565 kJ
54 g b., 13 g tł., 6 g ww.

MARYNOWANE UDKA KURCZAKA

SKŁADNIKI NA 4 PORCJE

75 ml oleju
75 ml białego wina
½ łyżeczki soli
¼ łyżeczki świeżo zmielonego
pieprzu
3–5 kropli sosu tabasco
1 ząbek czosnku
5 gałązek rozmarynu
8 udek z kurczaka

CZAS PRZYRZĄDZANIA:

ok. 20 min
(plus czas marynowania
i grillowania)
Wartość odżywcza 1 porcji
ok. 693 kcal/2909 kJ
55 g b., 53 g tł., 2 g ww.

1 Wlać do garnka olej i wino. Dodać sól, pieprz i tabasco. Obrać czosnek i przecisnąć przez praskę do oleju z winem.

2 Opłukać rozmaryn, osuszyć, oderwać igiełki i dodać do składników w garnku. Wszystko zagotować i wystudzić.

3 Udka dokładnie zanurzyć w marynacie i odstawić na 30 min, aby przeszły aromatem. Grill w piekarniku nagrzać do temp. 200°C.

4 Wyjąć udka z marynaty, a marynatę odstawić.

5 Udka układać na ruszcie grilla i piec 25–35 min, dosyć często smarując je z każdej strony marynatą. Danie dobrze smakuje ze słodko-ostrym dipem.

FRANKOŃSKIE CIASTO CEBULOWE

SKŁADNIKI NA 4 PORCJE

375 g mąki, 1 szczypta soli
1 jajko, 105 g masła
½ kostki drożdży
ok. 175 ml letniego mleka
750 g cebuli
150 g wędzonego boczku
150 g śmietany typu crème fraîche
3 małe jajka, sól, kminek
mąka do rozwałkowania ciasta
tłuszcz do posmarowania formy

CZAS PRZYRZĄDZANIA:

ok. 40 min
(plus czas na wyrośnięcie
ciasta i pieczenie)
Wartość odżywcza 1 porcji
ok. 685 kcal/2877 kJ
33 g b., 26 g tł., 80 g ww.

1 Mąkę i sól wsypać do miski, dodać jajko i 75 g masła. Drożdże ropuścić w letnim mleku. Całość zagnieść na średnio twarde ciasto. Zostawić pod przykryciem na godz. do wyrośnięcia.

2 Zagnieść ciasto na posypanej mąką stolnicy, rozwałkować i ułożyć w natłuszczonej formie na pizzę lub na tartę. Uformować wyższy brzeg ciasta. Zostawić pod przykryciem na 20 min do dalszego wyrośnięcia.

3 Obrać cebulę i pokroić w cienkie krążki. Boczek pokroić w drobną kostkę. Boczek z cebulą smażyć na patelni na pozostałym maśle, aż cebula się zeszkli.

4 Rozgrzać piekarnik do temp. 200°C. Wymieszać śmietanę z jajkami, solą i kminkiem. Dodać wystudzony boczek z cebulą, wymieszać. Masę rozłożyć równomiernie na cieście i piec je 35–40 min.

PĄCZKI KARNAWAŁOWE Z NADZIENIEM

1 Mąkę i sól wsypać do miski. Dodać miękkie masło, cukier i żółtka. Drożdże rozpuścić w letnim mleku. Całość zagnieść na gładkie ciasto. Odstawić pod przykryciem do wyrośnięcia na godz.

2 Ciasto mocno zagnieść na posypanej mąką stolnicy i rozwałkować na grubość 1 cm. Z połowy ciasta wykroić kółka o średnicy ok. 8 cm.

3 Na środek każdego kółka położyć porcję konfitury. Wykroić krążki z pozostałej połowy ciasta. Nakryć nimi kółka z konfiturą. Pozostawić na desce posypanej mąką na 30 min do wyrośnięcia.

4 Tłuszcz rozgrzać do temp. 160°C. Kłaść pączki na głęboki gorący tłuszcz. Smażyć z jednej strony pod przykryciem 3 min, odwrócić i smażyć kolejne 3 min bez przykrycia. Ponownie odwrócić i smażyć jeszcze min. Wyjąć, osączyć z tłuszczu i gorące obtoczyć w cukrze.

SKŁADNIKI NA 15 SZTUK

500 g mąki
1 szczypta soli
75 g masła
50 g cukru
2 żółtka
½ kostki drożdży
200 ml letniego mleka
mąka do rozwałkowania ciasta
dowolna konfitura na nadzienie
olej lub sklarowane masło do pieczenia
cukier kryształ do posypania

CZAS PRZYRZĄDZANIA:

ok. 35 min
(plus czas na wyrośnięcie ciasta i pieczenie)
Wartość odżywcza 1 porcji
ok. 187 kcal/784 kJ
4 g b., 6 g tł., 29 g ww.

MIGDAŁY W CZAPECZKACH

SKŁADNIKI NA 20 SZTUK

175 g masła
125 g cukru
8 żółtek
200 g zmielonych migdałów
9 łyżek likieru migdałowego
500 g mąki
2 łyżeczki proszku do pieczenia
mąka do rozwałkowania ciasta
tłuszcz do pieczenia
cukier z cynamonem
do posypania

CZAS PRZYRZĄDZANIA:
ok. 30 min
(plus czas pieczenia)
Wartość odżywcza 1 migdała
ok. 269 kcal/1128 kJ
6 g b., 16 g tł., 25 g ww.

1 Miękkie masło z cukrem i żółtkami ubić w miseczce na puszystą masę. Dodać zmielone migdały i likier migdałowy i wymieszać.

2 Mąkę wymieszać z proszkiem do pieczenia, połowę dodać do masy i wymieszać, dodać pozostałą mąkę i całość szybko zagnieść na ciasto i odstawić na 10 min w chłodne miejsce.

3 Na stolnicy posypanej mąką rozwałkować ciasto na grubość ok. 1 cm. Małymi foremkami wykrawać ciastka w kształcie migdała lub za pomocą radełka pociąć ciasto na małe romby.

4 Rozgrzać tłuszcz do temp. 180°C. Porcje ciasta smażyć z obu stron na złotobrązowy kolor. Wyjąć, osączyć z tłuszczu i jeszcze ciepłe obtoczyć w cukrze wymieszanym z cynamonem.

SZWABSKA SAŁATKA ZIEMNIACZANA

SKŁADNIKI NA 4 PORCJE

1 kg ziemniaków sałatkowych
(nierozgotowujących się)
80 ml octu
80 ml oleju
sól
pieprz
250 ml gorącego bulionu
mięsnego
3 małe cebule
1 mały ogórek sałatkowy

CZAS PRZYRZĄDZANIA:
ok. 30 min
(plus czas gotowania
i nabierania aromatu)
Wartość odżywcza 1 porcji
ok. 310 kcal/1302 kJ
6 g b., 13 g tł., 41 g ww.

CIEKAWOSTKA!

Najlepsze ziemniaki sałatkowe to najczęściej
gatunki, które po ugotowa-
niu nie są zbyt twarde,
gdyż takie lepiej wchła-
niają sos niż ziemniaki
o zbitej konsystencji.

1 Ziemniaki obrać, umyć
i ugotować na średnio
twardo, odcedzić i przestudzić.
Pokroić w plasterki. Ocet
wymieszać z olejem, dodać
sól i pieprz. Tak przygotowaną
marynatą polać ziemniaki,
po czym całość zalać gorącym
bulionem. Cebulę obrać,
drobno posiekać i dodać
do ziemniaków.

2 Ogórek umyć, przekroić
wzdłuż na pół. Łyżką
wydrążyć pestki i pokroić ogórek w cienkie plasterki. Składniki delikatnie przemieszać,
tak aby się nie rozpadły.

3 Sałatkę przykryć i pozostawić w temp. pokojowej
na 2 godz., aby wszystkie jej
składniki oddały swój aromat.

SAŁATKA MAKARONOWA

1 Spaghetti ugotować al dente, postępując zgodnie z przepisem na opakowaniu. Wyłożyć na sitko, odcedzić i zahartować zimną wodą.

2 Ananasa i ogórki pokroić w drobną kostkę. Jabłka obrać, oczyścić z gniazd nasiennych, pokroić w drobną kostkę. Cebulę obrać i pokroić w drobną kostkę. Ananasa, ogórki, jabłka i cebulę wymieszać z papryką i makaronem. Dolać śmietanę.

3 Mięso kurczaka oddzielić od kości, pokroić na małe kawałki i wymieszać z pozostałymi składnikami. Całość doprawić do smaku pieprzem, solą i chili.

4 Sałatkę odstawić na co najmniej godz. Przed podaniem posypać pestkami dyni.

SKŁADNIKI NA 4 PORCJE

250 g ananasa, 250 g kiszonych ogórków, 250 g jabłek

250 g cebuli

1 czerwona papryka pokrojona w kostkę, makaron spaghetti

250 ml śmietany, 2 ugotowane udka z kurczaka

sól, świeżo zmielony pieprz

sproszkowana papryka chili

zielone pestki dyni

CZAS PRZYRZĄDZANIA:

ok. 35 min
(plus czas przechodzenia aromatem)
Wartość odżywcza 1 porcji
ok. 628 kcal/2635 kJ
25 g b., 30 g tł., 65 g ww.

SAŁATKA WALDORF

SKŁADNIKI NA 4 PORCJE

4 kwaskowate jabłka
300 g selera
sok z 1–2 cytryn
100 g łuskanych orzechów włoskich
300 g zielonych i czerwonych winogron
150 g kwaśnej śmietany
sól, pieprz

CZAS PRZYRZĄDZANIA:
ok. 30 min
(plus czas przechodzenia aromatem)
Wartość odżywcza 1 porcji
ok. 450 kcal/1890 kJ
8 g b., 32 g tł., 33 g ww.

1 Jabłka obrać, oczyścić z gniazd nasiennych i pokroić na cienkie paski. Seler obrać, utrzeć na tarce o dużych oczkach i zmieszać z jabłkami. Polać sokiem z cytryny.

2 Orzechy grubo posiekać i włożyć do miski z pozostałymi składnikami. Winogrona opłukać, osączyć, przekroić na połówki, usunąć pestki i dodać do pozostałych składników.

3 Śmietanę przyprawić do smaku solą i pieprzem, wymieszać ze składnikami sałatki. Sałatkę przed podaniem odstawić na 3 godz. dla nabrania pełnego aromatu.

PRZYJĘCIE NA HALLOWEEN

Obchodzone 31 października halloween to ulubione święto Amerykanów. Jego nieodłącznymi elementami są równie straszne, co piękne lampiony z wydrążonej dyni, przerażające kostiumy oraz typowe dla tego święta potrawy, których podstawowym składnikiem jest dynia. Miłośnicy klimatów halloween koniecznie muszą spróbować ciasta dyniowego, znajdzie się też coś dla małych strasznych duszków i duchów: muffiny dyniowe, „krwawe paluszki" czy czekoladowe kręciołki.

NALEŚNIKI Z SOSEM DYNIOWO-POMIDOROWYM

SKŁADNIKI NA 4 PORCJE

400 g miąższu z dyni
300 g miąższu z mięsistych
pomidorów
3 duże cebule, 2 ząbki czosnku, sól
1 łyżeczka sproszkowanej gorczycy
1 łyżeczka czarnego pieprzu
1 kawałek cynamonu
200 g brązowego cukru
250 ml octu, 2 łyżki oleju
100 g mąki, 300 ml mleka
3 jajka, 40 g masła

CZAS PRZYRZĄDZANIA:

ok. 30 min
(plus czas gotowania
i smażenia)
Wartość odżywcza 1 porcji
ok. 503 kcal/2111 kJ
14 g b., 13 g tł., 81 g ww.

1 Na sos pokroić w drobną kostkę miąższ z dyni, umyte pomidory pokroić na duże cząstki. Cebulę i czosnek obrać, cebulę pokroić w krążki, a czosnek w drobną kostkę.

2 Wszystkie składniki przełożyć do garnka. Dodać gorczycę, sól, pieprz, cynamon i cukier. Doprawić octem.

3 Całość powoli doprowadzić do wrzenia i przez 30 min gotować na wolnym ogniu, aż masa zgęstnieje. Od czasu do czasu zamieszać.

4 Na naleśniki wymieszać w misce mąkę z mlekiem i solą, odstawić na 20 min. Dodać jajka i całość wymieszać.

5 Rozgrzać na patelni masło oraz olej i smażyć cienkie naleśniki. Każdy naleśnik posmarować sosem i zawinąć.

NALEŚNIKI Z PESTKAMI DYNI

1 Z mąki, mleka i soli wyrobić w misce gładką masę i odstawić na 20 min. Następnie dodać jajka, zmielone pestki dyni i całość wymieszać.

2 Na patelni rozgrzać masło oraz olej i usmażyć cienkie naleśniki.

3 W czasie smażenia posypać pestkami dyni jeszcze wilgotną powierzchnię naleśnika przed jego odwróceniem. Każdy usmażony naleśnik skropić syropem klonowym, posypać cynamonem i zwijać.

SKŁADNIKI NA 4 PORCJE

100 g mąki
300 ml mleka
sól
3 jajka
40 g zmielonych pestek dyni
40 g masła
2 łyżki oleju
całe pestki dyni
8 łyżek syropu klonowego
sproszkowany cynamon

CZAS PRZYRZĄDZANIA:
ok. 10 min
(plus czas smażenia)
Wartość odżywcza 1 porcji
ok. 368 kcal/1544 kJ
13 g b., 19 g tł., 36 g ww.

RADA!

Naleśniki będą równie smaczne, jeśli zamiast pestek dyni użyjemy posiekanych orzechów laskowych.

PAŁKI Z KURCZAKA W PIKANTNYM SOSIE

1 Pałki z kurczaka natrzeć pastą z curry i marynować ok. godz.

2 Cebulę, czosnek i imbir obrać, wszystko drobno posiekać. Podgrzać olej i podsmażyć lekko cebulę, czosnek i imbir. Pastę z curry zdjąć z kurczaka i odstawić.

3 Pałki smażyć na tłuszczu ze wszystkich stron, aż będą chrupiące.

4 Pastę curry wymieszać ze 125 ml letniej wody, wlać do pałek. Dodać sól, pieprz i lekko posypać cukrem. Odstawić pod przykryciem na 10 min, aby kurczak nabrał aromatu.

5 Sos chili zmiksować z pokrojonymi na kawałki brzoskwiniami. Dolać sherry lub porto i całość wymieszać na zawiesisty sos. Pałki podawać z sosem.

SKŁADNIKI NA 4 PORCJE

8 pałek z kurczaka
2 łyżeczki czerwonej pasty curry
1 cebula
2 ząbki czosnku
ok. 1 cm świeżego posiekanego imbiru
2 łyżki oleju
1 łyżeczka oleju sezamowego
sól, pieprz, cukier
8 łyżek sosu chili
4–5 połówek brzoskwiń
ok. 75 ml sherry lub białego porto

CZAS PRZYRZĄDZANIA:

ok. 20 min
(plus czas marynowania
i smażenia)
Wartość odżywcza 1 porcji
ok. 343 kcal/1439 kJ
28 g b., 21 g tł., 8 g ww.

195

SZASZŁYKI Z CHUTNEYEM

SKŁADNIKI NA 4 PORCJE

750 g szynki wieprzowej
6 kromek pieczywa tostowego
po 1 pęczku dymki i natki pietruszki
3–4 łyżki oleju, sól, pieprz
1 łyżka musztardy, 1 ½ łyżeczki
tymianku
500 g miąższu dyni
4 cebule, 1 bakłażan
1 papryczka chili
4 goździki, 1 ½ łyżeczki cukru
1 łyżeczka ziarenek kolendry
5 łyżek octu winnego
1 łyżeczka koncentratu
pomidorowego
2 łyżki rodzynek

CZAS PRZYRZĄDZANIA:

ok. 25 min
(plus czas marynowania, smażenia i przechodzenia aromatem)
Wartość odżywcza 1 porcji
ok. 140 kcal/588 kJ
45 g b., 10 g tł., 30 g ww.

1 Mięso pokroić w niedużą kostkę. Pieczywo tostowe pokroić na ćwiartki, dymkę umyć i pokroić na kawałki długości palca.

2 Pietruszkę umyć, osuszyć i drobno posiekać.

3 Wymieszać: olej, sól, pieprz, musztardę i tymianek, po czym marynatę wymieszać z mięsem, tostem, cebulą i pietruszką. Odstawić pod przykryciem na godz.

4 Wszystkie składniki nadziewać na przemian na patyczki i grillować ok. 10 min z każdej strony.

5 Na sos pokroić miąższ dyni w grubą kostkę. Cebulę obrać i pokroić w krążki. Bakłażana umyć i pokroić w drobną kostkę.

6 Chili umyć, przeciąć na pół, usunąć nasadę szypułki i nasiona, miąższ drobno posiekać.

7 Wszystko podsmażyć na oleju, dodać przyprawy, ocet i koncentrat. Dolać wody i gotować na małym ogniu ok. półtorej godz.

8 Sos jeszcze raz doprawić, jeśli to konieczne, dodać do niego rodzynki i pozostawić na 30 min, by nabrał aromatu.

CIASTO Z DYNI Z ORZESZKAMI PINIOWYMI

SKŁADNIKI NA 4 PORCJE

150 g masła
300 g miąższu z dyni
4 jajka
200 g cukru
1 opakowanie cukru
z naturalną wanilią
sól
300 g mąki
1 opakowanie proszku
do pieczenia
100 g orzeszków piniowych
tłuszcz do wysmarowania formy
mąka do posypania formy
cukier puder
12 minidyń z marcepana

CZAS PRZYRZĄDZANIA:
ok. 25 min
(plus czas pieczenia)
Wartość odżywcza 1 porcji
ok. 995 kcal/4179 kJ
22 g b., 52 g tł., 110 g ww.

1 Masło rozpuścić i ostudzić. Okrągłą formę do pieczenia natłuścić i posypać mąką. Rozgrzać piekarnik do temp. 175°C. Miąższ dyni zetrzeć na tarce z dużymi oczkami lub bardzo drobno pokroić.

2 Jajka ubić z cukrem, cukrem waniliowym i szczyptą soli na kremową masę. Dodać ostudzone masło i całość ubić. Powoli dodać mąkę z proszkiem do pieczenia, orzeszki piniowe i miąższ dyni i delikatnie wymieszać.

3 Napełnić ciastem formę i piec 45–60 min. Sprawdzić patyczkiem, czy ciasto jest w środku suche.

4 Gotowe ciasto wyjąć z piekarnika i przez 10 min pozostawić w formie, następnie ostrożnie otworzyć formę i wyłożyć ciasto na półmisek. Wystudzone posypać cukrem pudrem i podawać na półmisku udekorowanym dyniami z marcepana.

MUFFINY Z DYNI

1 Rozgrzać piekarnik do temp. 175°C. Osączoną dynię pokroić w drobną kostkę. Wymieszać z mąką, proszkiem do pieczenia, płatkami owsianymi, rodzynkami, gałką muszkatołową i solą.

2 W drugiej misce wymieszać jajka z cukrem, cukrem waniliowym i maślanką. Dodać mieszankę z mąką i mieszać, aż wszystkie składniki będą wilgotne.

3 Do 8 papilotek włożyć po jednej z pozostałych, aby powstało 8 podwójnych. Papilotki wyłożyć na blachę. Łyżką nałożyć ciasto do wysokości 1 cm poniżej krawędzi foremek i piec 20 min. Po upieczeniu muffiny wystudzić.

4 Cukier puder wymieszać z wodą, aby powstała dość gęsta masa. Polewę podzielić i każdą część zabarwić innym barwnikiem spożywczym. Kolorowym lukrem namalować na muffinach groźne buzie.

SKŁADNIKI NA 8 SZTUK

225 g miąższu z dyni ze słoika
250 g mąki
2 łyżeczki proszku do pieczenia
2 łyżki płatków owsianych
25 g rodzynek, sól
szczypta gałki muszkatołowej
1 jajko, 200 g brązowego cukru
1 opakowanie cukru waniliowego
120 ml maślanki
foremka na 8 muffinek
75 g cukru pudru
barwniki spożywcze

CZAS PRZYRZĄDZANIA:

ok. 30 min
Wartość odżywcza 1 muffiny
ok. 283 kcal/1192 kJ
5 g b., 2 g tł., 62 g ww.

CZEKOLADOWE KRĘCIOŁKI

SKŁADNIKI NA 20 SZTUK

500 g mąki
4 łyżki budyniu waniliowego
140 g cukru pudru, 250 g masła
500 g białego serka
150 g kwaśnej śmietany, 4 jajka
1 opakowanie cukru waniliowego
125 g cukru
200 g posiekanej czekolady mlecznej
mąka do rozwałkowania ciasta
tłuszcz do posmarowania blachy

CZAS PRZYRZĄDZANIA:
ok. 15 min
(plus czas pieczenia)
Wartość odżywcza 1 porcji
ok. 399 kcal/1674 kJ
8 g b., 24 g tł., 38 g ww.

1 Rozgrzać piekarnik do temp. 180°C. Składniki ciasta wsypać do miski i dodać masło.

2 Szybko wyrobić ciasto, ewentualnie dolać trochę mleka.

3 Ciasto rozłożyć równomiernie na natłuszczonej blasze, brzegi podciągnąć nieco do góry i piec ok. 15 min. Wyjąć i 5 min studzić.

4 Na masę wymieszać ser, śmietanę, jajka, cukier i cukier waniliowy, następnie ubić mątewką na puszystą masę.

5 Czekoladę roztopić w kąpieli wodnej.

6 Masę serową rozłożyć na cieście.

7 Rozpuszczoną czekoladą polewać cienkim strumieniem masę i rozprowadzać czekoladę w esy-floresy za pomocą patyczka lub widelca.

8 Ciasto ponownie włożyć do piekarnika i piec 35 min, aż masa serowa stężeje.

CUKIERKI

SKŁADNIKI NA 4 PORCJE

6 łyżek cukru
6 łyżek oranżady w proszku

CZAS PRZYRZĄDZANIA:
ok. 15 min
Wartość odżywcza 1 porcji
ok. 67 kcal/281 kJ
0 g b., 0 g tł., 16 g ww.

1 Cukier wymieszać dokładnie z oranżadą w proszku i powoli podgrzewać na teflonowej patelni, stale, ale powoli mieszając.

2 Kiedy masa stanie się kleista, zdjąć z ognia i wystudzić.

3 Wystudzoną masę połamać na małe kawałki i zawijać w papierki do cukierków. Cukierki ułożyć w miseczce i podawać.

ZUPA KREM Z DYNI

1 Dynię pokroić w drobną kostkę. Obrać szalotkę i drobno posiekać. Dynię i szalotkę poddusić na maśle, zalać bulionem i zagotować.

2 Obrać czosnek i przecisnąć przez praskę do zupy. Przyprawić zupę solą i pieprzem i gotować na małym ogniu, aż dynia będzie miękka.

3 Osączyć mozzarellę i pokroić na 4 plastry. Oliwki przekroić na pół, usunąć z nich pestki. Koperek umyć i osuszyć. Do zupy domieszać śmietanę, zagotować i zmiksować.

4 Rozlać zupę do talerzy i przybrać mozzarellą, oliwką i gałązką koperku.

SKŁADNIKI NA 4 PORCJE

750 g miąższu dyni
1 szalotka
40 g masła
750 ml bulionu mięsnego
4 ząbki czosnku
sól, pieprz
100 g mozzarelli
2 czarne oliwki
4 niewielkie gałązki koperku
250 ml śmietany

CZAS PRZYRZĄDZANIA:

ok. 25 min
(plus czas gotowania)
Wartość odżywcza 1 porcji
ok. 388 kcal/1628 kJ
10 g b., 34 g tł., 13 g ww.

CIEKAWOSTKA!

Dynia była uprawiana na obszarach tropikalnych i subtropikalnych już parę tysięcy lat temu. Owoce tych spokrewnionych z cukinią, ogórkiem i melonem roślin osiągają wagę do 100 kg.

205

KRWAWE PALUSZKI

SKŁADNIKI NA 4 PORCJE

300 g mrożonego ciasta
francuskiego
8 kiełbasek, np. frankfurterek
mąka do rozwałkowania
1 żółtko do posmarowania ciasta
125 ml keczupu
½ zielonej papryki

CZAS PRZYRZĄDZANIA:
ok. 15 min
(plus czas pieczenia)
Wartość odżywcza 1 porcji
ok. 500 kcal/2100 kJ
13 g b., 37 g tł., 30 g ww.

1 Ciasto rozmrozić. Piekarnik nagrzać do temp. 200°C. Kiełbaski przeciąć na pół. Ciasto rozwałkować na stolnicy posypanej mąką, pociąć na 16 pasków.

2 Każdy pasek posmarować wodą, kłaść na nich połówki kiełbasek. Każdą zawijać w ciasto tak, aby oba jej końce wystawały.

3 Tak zrolowane paluszki posmarować żółtkiem i piec ok. 20 min. Po wyjęciu z piekarnika posmarować paluszki keczupem (krew) i ozdobić papryką (paznokieć).

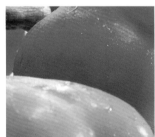

BARBECUE

Ten rozdział zawiera nasze ulubione
przepisy na luźne imprezy w plenerze
i spotkania towarzyskie przy grillu.
Pokażemy tutaj, że grillowanie to coś
więcej niż tylko pieczenie kiełbasek
na ruszcie. Paleta pikantnych
teksańsko-meksykańskich specjałów
z południowego zachodu Stanów Zjed-
noczonych sięga od świeżych sałatek,
przez tortille nadziewane pysznym
farszem, chrupiące żeberka
i skrzydełka aż po ziemniaki pieczone
w cząstkach.

FAJITAS Z KURCZAKIEM

SKŁADNIKI NA 4 PORCJE

2 ząbki czosnku
sok z 4 limonek
4 piersi kurczaka
2 cebule
olej do smażenia
sól, pieprz
3 zielone papryki pokrojone
w kostkę
200 g śmietany typu crème fraîche
200 g kremowego serka
twarogowego
8 placków tortilli

CZAS PRZYRZĄDZANIA:

ok. 25 min
(plus czas marynowania)
Wartość odżywcza 1 porcji
ok. 490 kcal/2058 kJ
52 g b., 22 g tł., 20 g ww.

1 Czosnek obrać, przecisnąć przez praskę, połączyć z sokiem z limonki. W tej zalewie marynować mięso ok. 2 godz.

2 Cebulę obrać i pokroić w krążki. Mięso smażyć na oleju ok. 10 min. Dodać sól i pieprz. Na drugiej patelni podsmażyć na oleju cebulę i paprykę.

3 Mięso pokroić w ukośne paski, dodać cebulę i paprykę. Ułożyć składniki na podgrzanych plackach tortilli i zawinąć. Śmietanę wymieszać z serkiem, dodać sól i pieprz i podać do fajitas.

TORTILLAS BURRITO FIESTA

1 Ogórka umyć i pokroić w 2 mm plastry. Pomidory umyć i pokroić na ósemki, marchew umyć i zetrzeć. Fetę pokroić w drobną kostkę. Liście sałaty umyć, osuszyć i porwać na mniejsze kawałki. Kukurydzę osączyć na sitku.

2 Na sos wymieszać na gładką masę jogurt i mleko. Dodać obrany i zmiażdżony czosnek, zioła, sól, pieprz i paprykę, wymieszać.

3 Mięso pokroić w cienkie plasterki. Lekko podsmażyć na oleju, obficie przyprawić solą, pieprzem i papryką.

4 Tortille podgrzać z obu stron na patelni bez tłuszczu, uważając, aby nie stwardniały. Na każdy placek położyć listki sałaty, plasterki ogórka, kukurydzę, pomidory, fetę, mięso i sos, zostawiając wolny brzeg ciasta. Zagiąć boki ciasta i zawinąć.

SKŁADNIKI NA 4 PORCJE

1 mały ogórek sałatkowy
2 pomidory, 2 marchewki
150 g sera feta, kilka liści sałaty
1 mała puszka kukurydzy
300 g jogurtu naturalnego
2 łyżki mleka, 2 ząbki czosnku
1 opakowanie mrożonej mieszanki ziołowej
sól, pieprz, sproszkowana papryka
500 g mięsa na sznycle
olej do smażenia, 8 tortilli
folia aluminiowa

CZAS PRZYRZĄDZANIA:
ok. 35 min
(plus czas smażenia)
Wartość odżywcza 1 porcji
ok. 448 kcal/1880 kJ
40 g b., 17 g tł., 33 g ww.

SAŁATKA INDIAŃSKA

SKŁADNIKI NA 6 PORCJI

500 g ugotowanych
ziemniaków w mundurkach
300 g mięsistych pomidorów
ok. 300 g świeżego ananasa
2 banany
sok z 2 cytryn
1 mała puszka kukurydzy
2 łyżki octu winnego
3 łyżki oleju, pieprz, sól
3 łyżeczki musztardy
sok z ½ cytryny
200 g gęstej tłustej śmietany
ostra papryka, cukier
listki sałaty do dekoracji

CZAS PRZYRZĄDZANIA:

ok. 40 min
(plus czas na nabranie aromatu)
Wartość odżywcza 1 porcji
ok. 333 kcal/1399 kJ
7 g b., 12 g tł., 47 g ww.

1 Ziemniaki obrać ze skórki i pokroić w centymetrową kostkę. Pomidory zalać na 30 s wrzątkiem, obrać ze skórki i pokroić w kostkę.

2 Ananasa obrać i pokroić na małe kawałki. Banany obrać i pokroić w plasterki. Wszystko wrzucić do miski, wymieszać i polać sokiem z cytryny.

3 Kukurydzę osączyć na sitku. Ocet wymieszać z olejem, solą i pieprzem. Dodać kukurydzę i odstawić na 10 min.

4 Na marynatę wymieszać musztardę, sok z cytryny i śmietanę. Obficie przyprawić solą, pieprzem, papryką i cukrem. Połączyć wszystkie składniki sałatki.

5 Liście sałaty umyć, osuszyć, porwać na mniejsze kawałki i wyłożyć nimi salaterkę. Na wierzch wyłożyć sałatkę i pod pod przykryciem wstawić do lodówki na 15 min.

SAŁATKA CEZARA

SKŁADNIKI NA 4 PORCJE

1 sałata główkowa lub rzymska
2 kromki białego pieczywa
(z poprzedniego dnia)
175 g boczku
1 szalotka
1 ząbek czosnku
20 g masła
4 łyżki oleju
4 łyżki musztardy
4 łyżki miodu
ok. 75 ml śmietany
pieprz, sól
2 łyżki posiekanych mieszanych
ziół, np. koperku i pietruszki
100 g parmezanu

CZAS PRZYRZĄDZANIA:

ok. 30 min
Wartość odżywcza 1 porcji
ok. 408 kcal/1712 kJ
19 g b., 30 g tł., 17 g ww.

1 Sałatę umyć, osuszyć i pokroić w paski.

2 Chleb i boczek pokroić w drobną kostkę. Szalotkę i czosnek obrać. Szalotkę pokroić w krążki. Ząbkiem czosnku mocno natrzeć powierzchnię dużej salaterki.

3 Boczek usmażyć na patelni, aby się wytopił. Dodać masło i usmażyć pokrojone w kostkę pieczywo, aby było chrupiące. Wyjąć i na pozostałym tłuszczu zeszklić szalotkę.

4 Na sos wymieszać oliwę, musztardę i miód. Dodać śmietanę, sól, pieprz i mieszankę ziół.

5 Do salaterki włożyć sałatę, polać ją sosem. Na wierzch położyć boczek, grzanki i szalotkę. Całość posypać startym parmezanem.

PIECZONE ZIEMNIAKI Z DIPEM PICADILLY

1 Piekarnik rozgrzać do temp. 200°C. Ziemniaki umyć, osuszyć i pokroić wzdłuż na ćwiartki.

2 Ćwiartki ziemniaków ułożyć na blasze. Piec w piekarniku 30–40 min, aż ziemniaki się zrumienią.

3 Wyjąć ziemniaki, obłożyć kawałkami masła, posolić.

4 Na dip obrać szalotkę i pokroić w drobną kostkę. Zeszklić na oleju i przestudzić.

5 Marynowane warzywa odcedzić, zachowując zalewę. Bardzo drobno posiekać lub lekko zmiksować.

6 Majonez wymieszać z jogurtem, rozdrobnionymi warzywami i szalotką. Mocno doprawić musztardą, chrzanem, solą i pieprzem. Jeśli dip jest zbyt gęsty, dolać marynatę z warzyw.

SKŁADNIKI NA 4 PORCJE

20 ziemniaków
sól do posypania
2 łyżki masła,
3 szalotki, 2 łyżki oliwy
ok. 360 g sałatki warzywnej
w zalewie
200 g majonezu
150 g jogurtu naturalnego
1 łyżka musztardy
1 łyżeczka świeżo startego chrzanu
sól, świeżo zmielony pieprz

CZAS PRZYRZĄDZANIA:

ok. 20 min
(plus czas pieczenia)
Wartość odżywcza 1 porcji
ok. 478 kcal/2006 kJ
5 g b., 43 g tł., 17 g ww.

SZASZŁYKI W OSTRYM SOSIE CZEKOLADOWYM

SKŁADNIKI NA 4 PORCJE

6 suszonych papryczek pepperoni
500 ml bulionu drobiowego
50 g mielonych migdałów
3 cebule
200 g pomidorów
50 g rodzynek
3 łyżki ziaren sezamu
1 placek tortilli
po szczypcie mielonego cynamonu, goździków, kolendry, anyżku, soli i pieprzu
2 ząbki czosnku
2 łyżki smalcu
40 g grubo posiekanej gorzkiej czekolady
1 kg mięsa z indyka

CZAS PRZYRZĄDZANIA:
ok. 45 min
(plus czas na nabranie aromatu)
Wartość odżywcza 1 porcji
ok. 520 kcal/2184 kJ
67 g b., 16 g tł., 25 g ww.

1 Na sos pokruszyć pepperoni i wrzucić do miski. Zalać 250 ml wrzącego bulionu drobiowego i pozostawić na 30 min.

2 Do miksera wrzucić migdały, dodać namoczone pepperoni i bulion.

3 Obrać cebulę, grubo pokroić, pomidory obrać ze skórki i podzielić na ćwiartki, wrzucić do miksera.

4 Dodać rodzynki, sezam, pokrojoną tortillę, przyprawy, przeciśnięty przez praskę czosnek i wszystko dokładnie zmiksować.

5 Na dużej patelni rozpuścić smalec. Wlać zmiksowane składniki i stale mieszając, dusić na małym ogniu ok. 5 min.

6 Do sosu dodać resztę wystudzonego bulionu i czekoladę, wymieszać.

7 Sos gotować na małym ogniu, aż czekolada się rozpuści. Kilkakrotnie przemieszać.

8 Mięso na szaszłyki pokroić w nieduże kawałki, posolić i popieprzyć. Nabijać na patyczki i grillować z każdej strony na węglu drzewnym ok. 10 min.

9 Szaszłyki podawać z ostrym sosem czekoladowym.

SKRZYDEŁKA BUFFALO

SKŁADNIKI NA 4 PORCJE

20 skrzydełek kurczaka
75 ml tabasco, 2 łyżeczki soli
2 łyżeczki grubo zmielonego
pieprzu
szczypta pieprzu kajeńskiego
3 łyżki mąki, 2 łyżki keczupu
2 łyżeczki papryki
7 ząbków czosnku
1 łyżka posiekanej natki pietruszki
2 łyżki posiekanej szałwii

CZAS PRZYRZĄDZANIA:
ok. 15 min
(plus czas marynowania
i grillowania)
Wartość odżywcza 1 porcji
ok. 355 kcal/1491 kJ
26 g b., 25 g tł., 7 g ww.

1 Piekarnik nagrzać do temp. 200°C. Skrzydełka piec na natłuszczonej blasze 15–20 min.

2 Na marynatę wymieszać sos tabasco, sól, pieprz, pieprz kajeński, mąkę, keczup i sproszkowaną paprykę.

3 Wycisnąć do tego obrany czosnek, dodać natkę pietruszki i szałwię. Całość wymieszać.

4 Skrzydełka dokładnie pokryć marynatą i odstawić pod przykryciem do lodówki na 24 godz. Grillować na węglu drzewnym, aż zbrązowieją i staną się chrupkie.

ŻEBERKA W MARYNACIE MUSZTARDOWEJ

1 Żeberka pokroić tak, aby w każdym kawałku były 2–3 kostki, i ułożyć w dużej misce.

2 Na marynatę wymieszać cukier, ocet, musztardę i keczup.

3 Do marynaty wycisnąć obrany czosnek i doprawić tabasco. Żeberka zostawić w marynacie przynajmniej na 4 godz.

4 Żeberka opiekać na grillu z każdej strony ok. 30 min. Często odwracać i smarować marynatą. Doprawić pieprzem i solą.

SKŁADNIKI NA 4 PORCJE

1,75 kg żeberek
2 łyżki brązowego cukru
4 łyżki octu balsamicznego
4 łyżki gruboziarnistej musztardy
250 ml keczupu
3 ząbki czosnku
kilka kropel tabasco, sól, pieprz

CZAS PRZYRZĄDZANIA:
ok. 15 min
(plus czas marynowania i grillowania)
Wartość odżywcza 1 porcji
ok. 435 kcal/1827 kJ
41 g b., 19 g tł., 24 g ww.

CIEKAWOSTKA!

Prawdziwy ocet balsamiczny dojrzewa co najmniej 12 lat w beczkach z różnych gatunków drewna, dzięki czemu aromaty zawarte we wszystkich tych rodzajach drewna łączą się, tworząc ciekawą kompozycję smakową.

219

SKRZYDEŁKA Z KURCZAKA

1 Wycisnąć sok z cytryn, wymieszać go z sosem chili. Obrać czosnek, chili umyć i oczyścić z nasion.

2 Czosnek i chili drobno posiekać i wymieszać z sosem. Doprawić pieprzem i solą.

3 Skrzydełka przeciąć na zgięciach, włożyć do marynaty, przykryć i odstawić na noc.

4 Nabić na 4 patyczki i grillować na węglu drzewnym ok. 10 min.

SKŁADNIKI NA 4 PORCJE

2 cytryny
4 łyżki miodu
250 ml sosu chili
3 ząbki czosnku
3–4 papryczki chili
sól, pieprz
20 skrzydełek kurczaka

CZAS PRZYRZĄDZANIA:
ok. 15 min
(plus czas marynowania
i grillowania)
Wartość odżywcza 1 porcji
ok. 475 kcal/1995 kJ
30 g b., 26 g tł., 28 g ww.

PRZYJĘCIE URODZINOWE

Każdego roku dzień urodzin jest świetną okazją do zaproszenia przyjaciół i rodziny. Oprócz tradycyjnego tortu ze świeczkami, którego oczywiście nie może zabraknąć, i małych smakowitych torcików owocowych w tym rozdziale prezentujemy przysmaki łatwe do przygotowania i nadające się do podania na zimno. Szczególnie polecamy mrożoną zupę pomidorową, mus z pstrąga, sztukę mięsa lub pierś kaczki.

WOŁOWINA W SOSIE CHRZANOWYM

SKŁADNIKI NA 4 PORCJE

sól
800 g dobrej wołowiny
2 duże marchewki
1 por
175 g selera
1 pietruszka
1 cebula
40 g masła
3 łyżki mąki
250 ml bulionu mięsnego
3 łyżki śmietany
½ łyżki świeżo startego chrzanu
1 małe jabłko

CZAS PRZYRZĄDZANIA:

ok. 20 min
(plus czas gotowania)
Wartość odżywcza 1 porcji
ok. 435 kcal/1827 kJ
42 g b., 28 g tł., 5 g ww.

1 Mięso ugotować jak w przepisie na następnej stronie.

2 Na sos przygotować zasmażkę z masła, mąki i 250 ml gorącego bulionu. Posolić. Dodać śmietanę i chrzan, wymieszać i na małym ogniu gotować 10 min.

3 Jabłko obrać, przekroić na pół, oczyścić z pestek, pokroić w cienkie plasterki. Mięso osączyć i pokroić w cienkie plasterki. Każdy posmarować niewielką ilością sosu, zwinąć i spiąć wykałaczką. Udekorować plasterkami jabłka i podawać.

WYKWINTNA WOŁOWINA W ZIELONYM SOSIE

1 Zagotować 2 l wody z solą, włożyć mięso i gotować na małym ogniu 2 godz. Włoszczyznę oczyścić, pokroić, wrzucić do wywaru 30 min przed końcem gotowania.

2 Na sos ugotować jajka na twardo, obrać, żółtka przetrzeć przez sitko do miski. Wymieszać na gładką masę z octem, olejem i szczyptą soli, dodać sól i cukier. Białka drobno posiekać i dodać do żółtek. Delikatnie wymieszać.

3 Zioła umyć i osuszyć. Oderwać listki od gałązek i drobno posiekać. Dodać do sosu i całość wymieszać. Mięso osączyć i pokroić w cienkie plasterki, zwinąć i spiąć wykałaczkami. Podawać z zimnym sosem.

SKŁADNIKI NA 4 PORCJE

800 g dobrej wołowiny, sól
2 duże marchewki, 1 por
175 g selera, 1 pietruszka
1 cebula, 10 jajek
2 łyżki octu winnego, cukier
250 ml oleju rzepakowego
mieszanka ziół, np. koperku, rzeżuchy, trybuli, natki pietruszki, ogórecznika, estragonu, lubczyka, szczawiu, melisy, szczypiorku

CZAS PRZYRZĄDZANIA:
ok. 20 min
(plus czas gotowania)
Wartość odżywcza 1 porcji
ok. 698 kcal/2930 kJ
62 g b., 47 g tł., 7 g ww.

MROŻONA ZUPA POMIDOROWA

SKŁADNIKI NA 4 PORCJE

1 kg mięsistych pomidorów
500 ml esencjonalnego wywaru mięsnego
8 łyżek czerwonego wina
1–2 łyżki marynowanego zielonego pieprzu ze słoika
4–6 łyżek ginu
sól
kilka listków bazylii do dekoracji

CZAS PRZYRZĄDZANIA:
ok. 30 min
(plus czas mrożenia)
Wartość odżywcza 1 porcji
ok. 148 kcal/622 kJ
10 g b., 9 g tł., 9 g ww.

1 Pomidory zalać na 30 s wrzątkiem, zdjąć skórkę, wyciąć nasadę szypułki, wydrążyć pestki, miąższ drobno posiekać i zmiksować.

2 Do pomidorów dolać zimny bulion mięsny i wino i dokładnie wymieszać. Dodać zielony pieprz. Przyprawić zupę ginem i solą. Wstawić do zamrażalnika i mrozić ok. 2 godz.

3 Mocno ubić zupę za pomocą trzepaczki do ubijania piany i ponownie wstawić do zamrażalnika. Tę czynność powtórzyć 1–2 razy, aż powstanie sorbet.

4 Mrożoną zupę przybrać pokrojonymi w paski listkami bazylii.

KACZKA W POMARAŃCZOWEJ MARYNACIE

SKŁADNIKI NA 4 PORCJE

ok. 1 cm świeżego imbiru
2 papryczki chili
szczypta zmielonego kardamonu
pieprz
100 ml świeżo wyciśniętego
soku z pomarańczy
1 łyżeczka sosu sojowego
90 ml oleju
2 piersi z kaczki, po ok. 350 g
sól
2 łyżki koniaku
50 ml bulionu drobiowego

CZAS PRZYRZĄDZANIA:

ok. 15 min
(plus czas marynowania
i pieczenia)
Wartość odżywcza 1 porcji
ok. 515 kcal/2163 kJ
32 g b., 41 g tł., 4 g ww.

1 Imbir obrać i zetrzeć. Papryczki umyć, przekroić, oczyścić z nasion, drobno posiekać. Chili i imbir wymieszać z kardamonem, pieprzem, sokiem z pomarańczy, sosem sojowym i olejem.

2 Skórę na piersiach kaczki ponacinać ukośnie. Mięso posmarować marynatą, przykryć i włożyć do lodówki na co najmniej 4 godz.

3 Zebrać z kaczki marynatę i odstawić. Mięso posolić, położyć skórką na ruszcie rozgrzanego grilla i przez 3 min dobrze podpiec. Odwrócić i piec ok. min.

4 Ponownie posmarować piersi marynatą, zawinąć w folię aluminiową i na 20 min pozostawić na brzegu rusztu.

5 Sok, który wypłynął z mięsa i zgromadził się w folii, odlać do garnka i zagotować wraz z koniakiem i bulionem. Przyprawić solą i pieprzem. Piersi z kaczki pokroić na cienkie plasterki, polać sosem z pieczeni i podawać.

TERRINA Z PSTRĄGA

1 Żelatynę przygotować według przepisu na opakowaniu. Filety z pstrąga pokroić i zmiksować z połową śmietany. Masę przetrzeć przez sitko i wymieszać z pozostałą śmietaną.

2 Zioła opłukać, osuszyć i drobno posiekać. Odłożyć trochę koperku na dekorację. Zioła wraz z zielonym pieprzem wymieszać z masą rybną. Przyprawić solą, pieprzem i sokiem z cytryny.

3 Żelatynę odcisnąć i rozpuścić na małym ogniu, wymieszać z niewielką ilością masy rybnej, a następnie z całą masą.

4 Formę do pasztetów (ok. 750 ml) wyłożyć folią spożywczą tak, aby sporo jej wystawało z formy. Masę rybną włożyć do formy, wyrównać. Nakryć folią i wstawić na noc do lodówki, aby stężała.

5 Wyłożyć terrinę na półmisek, pokroić na plasterki, każdy podzielić na 4 równe części i ułożyć na ćwiartkach kromek ciemnego chleba. Przybrać koperkiem i kawiorem.

SKŁADNIKI NA 4 PORCJE

12 listków białej żelatyny

4 wędzone filety z pstrąga, ok. 400 g

250 ml śmietany

po ½ pęczka koperku, szczypiorku, pietruszki

1 łyżka marynowanego zielonego pieprzu, sól, pieprz

2 łyżki soku z cytryny

8–10 kromek ciemnego chleba

trochę kawioru z łososia na przybranie

CZAS PRZYRZĄDZANIA:

ok. 20 min
(plus czas chłodzenia)
Wartość odżywcza 1 porcji
ok. 308 kcal/1292 kJ
25 g b., 22 g tł., 3 g ww.

OWOCE Z SOSEM ZABAIONE

SKŁADNIKI NA 4 PORCJE

200 g malin
200 g jeżyn
200 g czerwonych porzeczek
200 g truskawek
500 ml lodów waniliowych
3 żółtka
1 łyżka soku z cytryny
3–4 łyżki cukru
175 ml wytrawnego szampana
lub innego wina musującego

CZAS PRZYRZĄDZANIA:
ok. 35 min
Wartość odżywcza 1 porcji
ok. 189 kcal/793 kJ
5 g b., 7 g tł., 15 g ww.

1 Maliny i jeżyny oczyścić, porzeczki opłukać, osączyć i za pomocą widelca ściągnąć z szypułek. Truskawki opłukać, osączyć i oberwać szypułki.

2 Owoce delikatnie wymieszać w salaterce. Położyć na nie duże gałki lodów.

3 Żółtka ubić z cukrem, sokiem cytrynowym i szampanem (lub winem musującym). Następnie ubijać w gorącej kąpieli wodnej, aż powstanie gęsty krem.

4 Ciepłym kremem zabaione polać owoce z lodami i od razu podawać.

TORT SEROWO-WIŚNIOWY

1 Oddzielić żółtka od białek. Migdały uprażyć na patelni bez tłuszczu. Marcepan rozkruszyć i stopniowo mieszać z żółtkami do uzyskania gładkiej masy. 15 g cukru wymieszać z dwiema łyżkami wody. Przesiać przez sito mąkę i proszek do pieczenia, dodać do wody z cukrem, dodać 40 g migdałów i wszystko wymieszać.

2 Białka ubić na sztywno ze szczyptą soli i nadal ubijając, powoli dosypywać 25 g cukru. Ubite białko delikatnie połączyć z ciastem.

3 Na 3 arkuszach papieru do pieczenia wielkości blachy narysować 4 koła o średnicy 20 cm. Rozłożyć na nich ciasto i przenieść na blachę. Każdy ze spodów piec 15 min w temp. 180°C na drugim od dołu poziomie piekarnika. Odstawić do wystygnięcia.

4 Wiśnie osączyć, zachowując sok. Polewę tortową, 30 g cukru i ok. 250 ml kompotu wiśniowego rozrobić i zgodnie z instrukcją na opakowaniu przyrządzić polewę, dodać wiśnie, ostudzić, nie dopuszczając do stężenia polewy.

5 Twarożek zmieszać z sosem waniliowym, miąższem wanilii i pozostałym cukrem. Ubić na sztywno 250 ml śmietany i ostrożnie połączyć z masą serową.

6 Upieczony spód tortu położyć na paterze, wokół zamknąć odpowiedniej wielkości obręcz od tortownicy. Na nim rozprowadzić połowę masy wiśniowej. Położyć drugi krążek ciasta i pokryć go połową masy serowej. Położyć trzeci, a na nim resztę masy wiśniowej. Całość nakryć ostatnią (czwartą) warstwą ciasta.

7 Pozostałą masę serową wycisnąć szprycką na wierzch. Tort odstawić na 3 godz. w chłodne miejsce. Pozostałą śmietanę ubić na sztywno i posmarować nią brzegi tortu. Górę ozdobić wiśniami kandyzowanymi, a boki posypać siekanymi migdałami.

SKŁADNIKI NA 12 PORCJI

4 jajka
50 g posiekanych migdałów
40 g masy marcepanowej
85 g cukru
60 g mąki
1 łyżeczka proszku do pieczenia
sól
1 słoik wiśni w kompocie, 750 g
1 opakowanie czerwonej polewy tortowej w proszku
250 g chudego twarożku
1 opakowanie sosu waniliowego (bez gotowania)
1 laska wanilii
400 ml śmietany
12 wiśni kandyzowanych

CZAS PRZYRZĄDZANIA:

ok. 75 min
(plus czas chłodzenia)
Wartość odżywcza 1 porcji
ok. 278 kcal/1165 kJ
7 g b., 15 g tł., 27 g ww.

MINITARTA TATIN

SKŁADNIKI NA 8 SZTUK

150 g mrożonego ciasta
francuskiego
75 g cukru
25 g masła
2–3 jabłka
1 łyżka cukru z cynamonem
20 g masła w płatkach

CZAS PRZYRZĄDZANIA:
ok. 20 min
(plus czas pieczenia)
Wartość odżywcza 1 porcji
ok. 135 kcal/567 kJ
2 g b., 16 g tł., 29 g ww.

1 Rozmrozić ciasto. Piekarnik rozgrzać do temp. 225°C. Z cukru i masła zrobić jasny karmel i wlać go do żaro-odpornych foremek (wielkości ok. 7 cm).

2 Jabłka obrać, oczyścić z gniazd nasiennych i pokroić w plasterki. Plasterkami jabłek wyłożyć foremki. Posypać cukrem z cynamonem, na wierzch położyć płatki masła.

3 Rozwałkować ciasto, wykroić z niego 8 kółek o średnicy nieco większej niż średnica foremek. Położyć je na foremkach i mocno docisnąć. Ciasto nakłuć i piec tarty ok. 20 min. Powoli wyjąć je z foremek i podawać na ciepło lub na zimno.

CIEKAWOSTKA!

Minitarta tatin to najbardziej znana tarta, jednak tarta flambée (flambirowana) także cieszy się sporą popularnością. Ogólnie rozróżnia się dwa rodzaje tarty: tartę sucrée (na słodko) i tartę salée (na słono).

CHIŃSKIE CIASTECZKA SZCZĘŚCIA

1 Życzenia urodzinowe wypisać na małych paskach papieru. Rozgrzać piekarnik do temp. 175°C. Wymieszać wszystkie składniki na ciasto.

2 Ciasto rozwałkować i wykroić kółka. Kółka ułożyć na blasze wyłożonej papierem do pieczenia w odstępach ok. 10 cm i piec 15 min.

3 Dopóki ciastka są jeszcze gorące, na środku każdego położyć pasek papieru z życzeniem i ciasteczko złożyć na pół. Aby uzyskać typowe wgięcie należy położyć ciasteczko na brzegu szklanki i zagiąć boki z obu stron. Podawać posypane cukrem pudrem.

SKŁADNIKI NA 10 SZTUK

150 g mąki
50 g zmielonych migdałów
szczypta soli, 3 białka
250 g cukru, 100 g masła
3 krople olejku z gorzkich migdałów
cukier puder do posypania

CZAS PRZYRZĄDZANIA:
ok. 20 min
(plus czas pieczenia)
Wartość odżywcza 1 ciasteczka
ok. 445 kcal/1869 kJ
4 g b., 80 g tł., 90 g ww.

TORCIKI BEZOWE Z JEŻYNAMI

SKŁADNIKI NA 8 SZTUK

150 g polewy z gorzkiej
czekolady
8 miseczek bezowych
(gotowych)
750 g jeżyn
skórka i sok z 1 pomarańczy
200 g cukru
200 ml śmietany
1 łyżka migdałów w słupkach

CZAS PRZYRZĄDZANIA:
ok. 20 min
Wartość odżywcza 1 torcika
ok. 254 kcal/1066 kJ
4 g b., 15 g tł., 24 g ww.

1 Grubo pokruszoną polewę rozpuścić w gorącej kąpieli wodnej. Posmarować nią wewnętrzną stronę miseczek bezowych. Jeżyny oczyścić, opłukać i osuszyć na ręczniku papierowym.

2 Sok i skórkę z pomarańczy gotować z cukrem 5 min, aż powstanie syrop.

3 Obłożyć torciki jeżynami i posmarować syropem pomarańczowym.

4 Śmietanę ubić na sztywno i udekorować nią torciki. Migdały uprażyć na patelni bez tłuszczu i posypać nimi torciki.

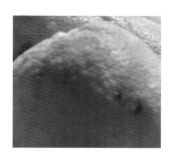

SERNIK

SKŁADNIKI NA 6 PORCJI

9 sucharów
140 g cukru
50 g masła
500 g twarożku
1 łyżeczka skórki startej
z cytryny
1 łyżka soku z cytryny
5 jajek
masło do posmarowania formy
cukier puder do posypania

CZAS PRZYRZĄDZANIA:

ok. 30 min
(plus czas pieczenia)
Wartość odżywcza 1 porcji
ok. 790 kcal/3318 kJ
23 g b., 42 g tł., 80 g ww.

1 Rozgrzać piekarnik do temp. 150°C. Suchary rozgnieść wałkiem na okruszki. Wymieszać z 2 łyżkami cukru i masłem, zagniatać, aż wszystkie składniki się połączą.

2 Masą z pokruszonych sucharów napełnić natłuszczoną tortownicę i za pomocą łyżki mocno ugnieść ciasto. Twarożek wymieszać na gładką masę, dodając stopniowo pozostały cukier, skórkę cytrynową i sok z cytryny. Oddzielić żółtka od białek, żółtka dodać do masy serowej. Całość wymieszać.

3 Białka ubić na sztywno, po czym wyłożyć na krem serowy i bardzo ostrożnie wymieszać. Tak przygotowaną masę sernikową rozsmarować na spodzie z ciasta i piec ok. 75 min.

4 Wyjąć ciasto z piekarnika, studzić w formie przez 10 min. Potem wyjąć sernik z tortownicy i odstawić do wystudzenia na co najmniej 3 godz. Przed podaniem posypać cukrem pudrem.

PRZYJĘCIE SYLWESTROWE

Bez względu na to, czy Nowy Rok
obchodzimy bardzo uroczyście, czy
na niezobowiązującym przyjęciu, przepisy podane w tym rozdziale można
wkomponować zarówno w eleganckie
menu, jak i zaprezentować osobno
w bufecie z daniami na gorąco
i na zimno. Zupy, terriny, sałatki,
przystawki na słodko są łatwe
do przygotowania, a sarna z jabłkami
w calvadosie może się okazać naszym
asem w rękawie, lub raczej
– w piekarniku.

ŚWIĄTECZNA TERRINA Z WARZYWAMI

SKŁADNIKI NA 12 SZTUK

4 jajka, 1 marchewka
150 g jogurtu, 250 g twarogu
150 g śmietany typu
crème fraîche
pęczek natki pietruszki,
posiekanej
sól, pieprz
200 g zblanszowanej
marchewki w plasterkach
200 g zblanszowanej cukinii
w paskach
200 g zblanszowanych różyczek
brokułu
papier do pieczenia
masło do posmarowania formy

CZAS PRZYRZĄDZANIA:

ok. 20 min
(plus pieczenia i studzenia)
Wartość odżywcza 1 porcji
ok. 106 kcal/444 kJ
7 g b., 7 g tł., 4 g ww.

1 Rozgrzać piekarnik do temp. 200°C. Obrać marchewkę, pokroić wzdłuż na cienkie paski. Wymieszać twaróg, jogurt, śmietanę, jajka, pietruszkę, różyczki brokułu, sól i pieprz.

2 Formę do pasztetu wyłożyć papierem do pieczenia i posmarować tłuszczem. Dno wyłożyć paseczkami marchewki i plasterkami cukinii, napełnić masą twarogową i warzywami.

3 Terrinę w formie zawinąć szczelnie w folię aluminiową, wstawić formę do gorącej kąpieli wodnej, tak by była ona zanurzona do 2/3 wysokości, po czym postawić terrinę na najniższej półce piekarnika na 40 min. Wyjąć z piekarnika i ostudzić pod przykryciem. Przed podaniem wyjąć z formy i pokroić w plastry.

ŚWIĄTECZNA TERRINA ZE SZPARAGAMI

1 Rozgrzać piekarnik do temp. 200°C. W osolonej wodzie oddzielnie ugotować na półtwardo marchewkę, białe i zielone szparagi. 4 białe i 4 zielone szparagi zahartować w zimnej wodzie i osączyć. Pozostałe szparagi i marchewki odcedzić i wystudzić. Następnie rozdzielić szparagi kolorami i każdy kolor oddzielnie zmiksować z 1 jajkiem, 1 żółtkiem, 50 g startego sera oraz 1 łyżką śmietany. Przyprawić solą i pieprzem.

2 Wyłożyć papierem do pieczenia małą formę do pasztetu i natłuścić roztopionym masłem. Włożyć do niej purée z białych szparagów. Ułożyć na nim na przemian całe szparagi i marchewki. Na to wyłożyć purée z zielonych szparagów.

3 Terrinę w formie zawinąć szczelnie w folię aluminiową, wstawić formę do gorącej kąpieli wodnej, tak by była zanurzona do 2/3 wysokości, następnie postawić terrinę na najniższej półce piekarnika na 40 min. Wyjąć z piekarnika i ostudzić pod przykryciem. Przed podaniem wyjąć z formy i pokroić w plastry.

SKŁADNIKI NA 12 SZTUK

200 g obranych małych marchewek

500 g obranych białych szparagów

500 g oczyszczonych zielonych szparagów

2 jajka, 2 żółtka

100 g łagodnego twardego sera

2 łyżki bardzo tłustej śmietany

sól, pieprz, papier do pieczenia

masło do posmarowania formy

CZAS PRZYRZĄDZANIA:
ok. 25 min
(plus czas pieczenia i studzenia)
Wartość odżywcza 1 porcji
ok. 71 kcal/298 kJ
4 g b., 5 g tł., 2 g ww.

SAŁATKA Z GREJPFRUTA I KREWETEK

1 Roszponkę dokładnie opłukać i osuszyć. Seler naciowy umyć, oczyścić z włókien, pokroić w plasterki.

2 Grejpfruta obrać tak, aby wraz ze skórką zdjąć też całkowicie znajdującą się pod nią białą błonę. Wyfiletować ostrym nożem, zachowując przy tym wypływający sok.

3 Sok z grejpfruta energicznie przemieszać z sokiem z cytryny, solą, pieprzem, cukrem i olejem.

4 Roszponkę, seler naciowy i miąższ grejpfruta włożyć do miski. Dodać ugotowane krewetki. Całość polać sosem i lekko przemieszać.

SKŁADNIKI NA 4 PORCJE

120 g roszponki
3 łodygi selera naciowego
4 łyżki grejpfruta
2 łyżki soku z cytryny
sól
pieprz
cukier
5 łyżek oleju roślinnego
100 g ugotowanych krewetek

CZAS PRZYRZĄDZANIA:
ok. 25 min
Wartość odżywcza 1 porcji
ok. 161 kcal/676 kJ
9 g b., 11 g tł., 6 g ww.

SAŁATKA KSIĘŻNEJ

SKŁADNIKI NA 4 PORCJE

300 g ugotowanych czubków
szparagów
250 g ugotowanych
ziemniaków w mundurkach
100 g ugotowanego selera
2 banany, 4 pomidory
60 g majonezu
150 g jogurtu naturalnego
125 ml śmietany, sok z ½ cytryny
sól, pieprz, cukier
odrobina natki pietruszki

CZAS PRZYRZĄDZANIA:
ok. 30 min
Wartość odżywcza 1 porcji
ok. 388 kcal/1628 kJ
7 g b., 24 g tł., 35 g ww.

1 Czubki szparagów osączyć.
Ziemniaki obrać ze skórki
i pokroić w cienkie plasterki.
Seler pokroić w cienkie słupki.

2 Banany obrać i pokroić
w plasterki. Pomidory
zalewać przez 30 s wrząt-
kiem, zdjąć z nich skórki,
przekroić na pół, odkroić
nasady szypułek, wydrążyć
pestki i miąższ pokroić
w drobną kostkę.

3 Wszystkie składniki delikatnie wymieszać i nałożyć
do salaterek.

4 Na sos wymieszać majo-
nez, jogurt, śmietanę i sok
z cytryny. Przyprawić na ostro
solą, pieprzem i cukrem.

5 Sosem polać sałatkę.
Umyć natkę pietruszki,
osuszyć i przybrać nią sałatkę.

MUS CZEKOLADOWY

1 Połamać czekoladę na kawałki i rozpuścić w gorącej kąpieli wodnej, po czym trochę przestudzić.

2 Dodać miękkie masło i mieszać drewnianą łyżką, aż powstanie jednolita masa. Dodawać kolejno jajka i miąższ z wanilii, ciągle mieszając.

3 Małą formę wyłożyć sporym kawałkiem folii spożywczej i wlać do niej masę czekoladową. Nieco wyrównać i pod przykryciem wstawić na noc do lodówki, żeby masa stężała.

4 Następnego dnia przygotować crème anglaise. Utrzeć żółtka z cukrem na gęstą puszystą masę. Zagotować mleko i zdjąć z ognia. Masę z żółtek nadal ubijać w gorącej kąpieli wodnej, powoli dolewając do niej mleko. Ubijać tak długo, aż masa lekko się zagotuje. Wówczas natychmiast zdjąć masę z ognia i ubijać jeszcze 5 min, po czym wystudzić. Mus czekoladowy podać z crème anglaise.

SKŁADNIKI NA 4 PORCJE

250 g gorzkiej czekolady (80% kakao)
125 g masła
4 jajka
miąższ z 1 laski wanilii
2 żółtka
50 g cukru
250 ml mleka

CZAS PRZYRZĄDZANIA:
ok. 35 min
(plus czas studzenia)
Wartość odżywcza 1 porcji
ok. 765 kcal/3213 kJ
16 g b., 59 g tł., 44 g ww.

GALARETKA Z POMARAŃCZĄ

SKŁADNIKI NA 6 PORCJI

5 listków białej żelatyny
6 pomarańczy
250 ml soku z czerwonych
pomarańczy
750 g cukru
200 ml prosecco (wino musujące)
150 ml śmietany
1 łyżka cukru waniliowego
150 g jogurtu naturalnego
1 łyżka soku z cytryny
melisa cytrynowa na przybranie

CZAS PRZYRZĄDZANIA:

ok. 20 min
(plus czas chłodzenia)
Wartość odżywcza 1 porcji
ok. 660 kcal/2772 kJ
6 g b., 1 g tł., 147 g ww.

1 Żelatynę namoczyć w zimnej wodzie, postępując zgodnie z instrukcją na opakowaniu. Pomarańcze obrać i wyfiletować. Miąższ osączyć, sok zachować. Cząstki pomarańczy wyłożyć na głębokie talerzyki deserowe i schłodzić.

2 Sok zebrany przy obieraniu pomarańczy wymieszać z sokiem z czerwonych pomarańczy oraz cukrem i lekko podgrzać. Żelatynę odcisnąć i rozpuścić w mieszance soków, ciągle mieszając. Odstawić na 5 min do wystygnięcia. Dolać prosecco i zalać tym cząstki pomarańczy.

3 Przykryć folią i wstawić do lodówki na co najmniej 5 godz., aby galaretka stężała.

4 Na dekorację deseru ubić na sztywno śmietanę z cukrem waniliowym. Jogurt z sokiem cytrynowym wymieszać na gładką masę i połączyć z bitą śmietaną. Przybrać listkami melisy.

BARSZCZYK O PÓŁNOCY

SKŁADNIKI NA 4 PORCJE

3 cebule
½ korzenia pietruszki
2 marchewki, 25 g smalcu
250 g białej kapusty
600 ml bulionu wołowego
2 łyżki koncentratu
pomidorowego
1 słoik czerwonych buraczków,
ok. 300 g
1 łyżeczka cukru
3 łyżki soku z cytryny
sól
pieprz
natka pietruszki

CZAS PRZYRZĄDZANIA:
ok. 45 min
Wartość odżywcza 1 porcji
ok. 204 kcal/856 kJ
6 g b., 12 g tł., 18 g ww.

1 Cebulę, pietruszkę i marchewkę umyć, obrać, pokroić w kostkę i 10 min dusić na smalcu.

2 Kapustę umyć i poszatkować. Bulion, koncentrat pomidorowy i kapustę dodać do cebuli, marchewki i pietruszki i 40 min gotować na małym ogniu.

3 Buraczki wyjąć ze słoika, drobno pokroić i wrzucić do zupy, dodać do smaku cukier i sok z cytryny. Przyprawić solą i pieprzem. Barszcz podawać posypany posiekaną natką pietruszki.

FILET Z KARPIA W POMIDORACH

1 Filety z karpia skropić sokiem z cytryny, posolić, popieprzyć i odstawić pod przykryciem w chłodne miejsce. Rozgrzać piekarnik do temp. 180°C.

2 Szalotki obrać i drobno posiekać. Seler naciowy pokroić w kostkę i wraz z szalotką zeszklić na oleju. Posolić i popieprzyć. Przełożyć do natłuszczonej formy do zapiekanek i zalać winem.

3 Na warzywach ułożyć filety, obłożyć je bazylią, czosnkiem i pomidorami. Na wierzchu położyć plasterki cytryny. Przykryć formę folią aluminiową i całość zapiekać w piekarniku ok. 20 min.

SKŁADNIKI NA 4 PORCJE

4 filety z karpia bez skóry
1 łyżka soku z cytryny
sól, pieprz, 4 szalotki
2 łyżki oleju rzepakowego
250 g selera naciowego
250 ml białego wina
pęczek posiekanej bazylii
4 posiekane ząbki czosnku
4 pomidory pokrojone w kostkę
4 plasterki cytryny
masło do posmarowania formy

CZAS PRZYRZĄDZANIA:
ok. 40 min
Wartość odżywcza 1 porcji
ok. 298 kcal/1250 kJ
30 g b., 9 g tł., 11 g ww.

LEKKA ZUPA SYLWESTROWA

SKŁADNIKI NA 4 PORCJE

1 kg mięsa wołowego
1 pęczek włoszczyzny, sól
1 łyżeczka ziaren czarnego pieprzu
1 liść laurowy, gałka muszkatołowa
4 ziemniaki
300 ml zupy kremu z pomidorów
100 ml czerwonego wina, pieprz
po 2 szalotki, ząbki czosnku
150 g pieczarek, 1 łyżka masła
2 łyżki koncentratu pomidorowego
kilka listków bazylii pokrojonych
w paski

CZAS PRZYRZĄDZANIA:
ok. 35 min
(plus czas gotowania)
Wartość odżywcza 1 porcji
ok. 553 kcal/2320 kJ
55 g b., 26 g tł., 21 g ww.

1 Mięso, włoszczyznę posiekaną w grubą kostkę, sól,
pieprz, liść laurowy i gałkę
muszkatołową gotować na wolnym ogniu w 2 l wody przez
2 godz. Obrać ziemniaki, umyć,
gotować 20 min, zmiksować.

2 Wyjąć mięso, zupę przelać
przez sitko. Wlać z powro-
tem do garnka, dodać zupę
krem z pomidorów. Domieszać
purée ziemniaczane wraz z czerwonym winem i przyprawić
pieprzem.

3 Szalotki i czosnek obrać,
szalotki pokroić w krążki,
a czosnek rozgnieść.

4 Pieczarki oczyścić, pokroić
w plasterki, poddusić
na maśle. Dodać do zupy,
następnie dodać koncentrat
pomidorowy, wymieszać
i odstawić na 10 min. Przed
podaniem zupę przybrać bazylią.

SARNINA Z JABŁKAMI W CALVADOSIE

1 Polędwicę wytrybować, natrzeć rozgniecionym zielem angielskim i cynamonem. Posmarować łyżką oleju i na 2 godz. pod przykryciem wstawić do lodówki.

2 Jabłka obrać, oczyścić z gniazd nasiennych, podzielić na cząstki. Poddusić na 40 g masła, posypać cukrem, polać calvadosem i podpalić. Następnie wystudzić. Rozgrzać piekarnik do temp. 250°C. Polędwicę posolić, popieprzyć i mocno podsmażyć na 2 łyżkach masła i pozostałym oleju.

3 Piec ok. 10 min w piekarniku. Wyłączyć piekarnik i pozosta-wić w nim mięso na kolejne 10 min. Po wyjęciu mięso dokładnie zawinąć w folię aluminiową i ponownie włożyć do piekarnika na 10 min, drzwiczki piekarnika pozostawić lekko uchylone.

4 Sos powstały podczas smażenia mięsa zagotować wraz z wywarem z dziczyzny. Zredukować sos i ubijając, dodać 80 g schłodzonego masła. Mięso wyjąć z folii i sos, który się z niego wydzielił w trakcie pieczenia, dolać do sosu przygotowanego na bazie wywaru z dziczyzny. Mięso pokroić w plastry, ułożyć na półmisku, polać sosem i przyozdobić pokrojonymi jabłkami.

SKŁADNIKI NA 4 PORCJE

1 kg polędwicy z sarniny
3 ziarna ziela angielskiego
1 łyżeczka cynamonu
4 łyżki oleju
2 jabłka
160 g masła
1 łyżka brązowego cukru
3 łyżki calvadosu
sól, pieprz
250 ml wywaru z dziczyzny

CZAS PRZYRZĄDZANIA:

ok. 35 min (plus czas na przejście aromatem i pieczenie)
Wartość odżywcza 1 porcji
ok. 693 kcal/2909 kJ
57 g b., 46 g tł., 12 g ww.

INDEKS PRZEPISÓW